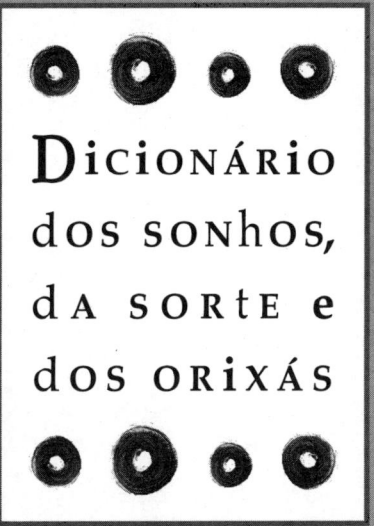

Dicionário dos sonhos, da sorte e dos orixás

Dicionário dos sonhos, da sorte e dos orixás

ANÁDARA

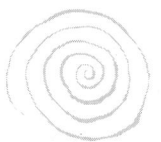

5ª edição
2ª reimpressão

Rio de Janeiro
2006

Copyright©2002
Pallas Editora

Produção editorial
Pallas Editora

Coordenação editorial
Heloisa Brown

Revisão
Tânia Saraiva

Diagramação
Cid Barros

Capa
Luciana Justiniane

Todos os direitos reservados à Pallas Editora e Distribuidora Ltda. É vetada a reprodução por qualquer meio mecânico, eletrônico, xerográfico etc., sem a permissão por escrito da editora, de parte ou totalidade do material escrito.

CIP-BRASIL. CATALOGAÇÃO-NA-FONTE.
SINDICATO NACIONAL DOS EDITORES DE LIVROS, RJ.

A551d   Anádara
5ª ed.   Dicionário da sorte, dos sonhos e dos orixás / Anádara – 5ª
2ª reimp.   ed. – Rio de Janeiro: Pallas, 2006.

ISBN 85-347-0342-6

I. Sonhos, interpretação dos – dicionário. I. Título. II. Série.

87-0692   CDD 135.303
                                           CDU 398.7(03)

Pallas Editora e Distribuidora Ltda.
Rua Frederico de Albuquerque, 56 – Higienópolis
CEP 21050-840 – Rio de Janeiro – RJ
Tel./fax: (021) 2270-0186
www.pallaseditora.com.br
pallas@pallaseditora.com.br

"EXPLICAÇÃO PRELIMINAR"

Este livro apresenta interpretações dos sonhos, baseadas na observação feita pelo povo, desde tempos imemoriais. Já a Bíblia nos conta que os hebreus costumavam interpretar os sonhos, que quase sempre surgem de forma confusa, exigindo uma análise, que muitas vezes os leigos não podem fazer. A primeira menção que se faz na Bíblia à interpretação dos sonhos aparece logo no 18º Capítulo do "Gênesis". É o célebre sonho que teve Jacob, com uma escada que unia a terra ao céu.

Ainda no "Gênesis", há as interpretações dos sonhos do Faraó, feitas por José, que também interpretou sonhos de seus companheiros de prisão, quando se viu perseguido por defender os interesses de seu povo.

Até os fins do século passado, a interpretação dos sonhos se fazia apenas na base da observação empírica. Com a experiência, o povo — ou melhor, os diversos povos chegaram à conclusão de que os sonhos têm sempre uma significação, por mais confusos que pareçam, e que, com a observação, pode-se deduzir quais são os seus significados.

A interpretação dos símbolos dos sonhos era feita, e continua a ser feita, assim, na base dessas observações dos leigos. Formou-se, através dos séculos, um grande acervo de observações, de maneira que se tornou possível organizar os símbolos e interpretações dos sonhos de acordo com sua significação, formando-se um verdadeiro dicionário, que poderá ser consultado quando uma pessoa tem um sonho que ela própria não sabe interpretar. Este livro se propõe apenas a isto: enumerar, por ordem alfabética, os diversos assuntos com os quais se sonha mais comumente e dar, ao seu lado, sua significação.

Como dissemos, até o fim do século passado não houve senão tentativas ocasionais de se interpretar os sonhos cientificamente. A partir de então, Freud, o fundador da psicanálise, e seus discípulos e continuadores trataram de dar uma interpretação científica aos sonhos.

A finalidade desse estudo é bem diversa da finalidade procurada pela interpretação popular dos sonhos, que consiste em esclarecer os "avisos", a respeito do futuro, que o sonhador recebe, ao passo que os psicanalistas vêem nos sonhos os desejos ocultos do indivíduo.

É interessante observar, no entanto, que, com grande freqüência, as interpretações dos sonhos — os símbolos oníricos, como dizem os psicanalistas — são semelhantes nos dois casos. É muito sabido, por exemplo, que o sonhar com excrementos, com imundície, significa dinheiro, de acordo com a interpretação popular. Para a psicanálise, também, os excrementos, as imundícies constituem o "símbolo onírico" do dinheiro.

Apenas as interpretações variam. Suponhamos, por exemplo, que uma pessoa sonhe que matou um porco e está retirando do seu intestino a matéria fecal. Para os psicanalistas, esse sonho seria apresentação "onírica" do desejo inconfessado do sonhador de que algum parente rico e sovina venha a morrer e lhe deixe a riqueza. De acordo com a interpretação popular, o mesmo sonho significa que a pessoa vai herdar de um parente rico e sovina uma fortuna.

Cumpre, ainda, uma observação muito importante. Os sonhos são, em via de regra, muito complicados e vários assuntos neles se entrelaçam, de modo que as interpretações cabíveis podem parecer contraditórias. Não é possível, evidentemente, fixar regras rígidas nesse sentido e tudo dependerá de saber aplicar devidamente as diversas significações. Suponhamos, por exemplo, que o leitor sonhe que está junto de um abismo e vê um avião cruzando o espaço. Consultando as significações, verá:

ABISMO — Ameaça de sustos e más notícias.
AVIÃO - Triunfo sobre inimigos.

A interpretação lógica do sonho será, portanto, que seus inimigos, por suas maquinações, poderão acarretar sustos e más notícias para o sonhador, mas que esse, finalmente, triunfará sobre eles.

Com a prática, o leitor interpretará sem grandes dificuldades, mesmo os sonhos mais complicados.

No que se refere aos palpites para o jogo, o êxito também dependerá da maneira inteligente de se interpretar os sonhos. É de se notar que, em geral, os palpites não coincidem para grupos, dezenas e centenas, de maneira que devem ser combinadas, inteligentemente, as várias peripécias do sonho. Suponhamos, por exemplo, que o leitor sonhe que foi atacado por um lagarto que se refugiou num abrigo e que, dentro desse abrigo, encontrou um saco. Consultando a significação de **LAGARTO**, **ABRIGO** e **SACO**, facilmente o leitor chegará à conclusão de que deve jogar no grupo **JACARÉ** e na dezena 59, mas, quanto à centena, será preferível carregar na 458.

Acreditamos que, com essas explicações, qualquer pessoa está em condições de interpretar seus sonhos satisfatoriamente.

A

A — Ver ou escrever esta letra: novidade próxima. Ver outra pessoa escrevê-la: alguém procurará pregar-lhe mentiras. Grupos: 1, 2. Dezenas: 19, 25, 00. Centenas: 111, 235, 405. Milhares: 2.134, 1.922. Orixá correspondente: Exu.

ABACATE — Maduro: prosperidade. Verde: contrariedade. Grupos: 2, 16, 24. Dezenas: 63, 69, 72, 93. Centenas: 151, 570, 911. Milhar: 1693. Orixá correspondente: Ogúm.

ABACAXI — Ver essa fruta: prejuízos. Comê-la: doença. Ver outra pessoa comendo-a: triunfo sobre inimigos. Grupos: 8, 20, 23. Dezenas: 12, 24, 77. Centenas: 302, 712, 924. Milhar: 7.832. Orixá correspondente: Obaluayê.

ABADE — Ver sacerdote.

ABADIA — Avistar uma, à luz do sol: doenças e dificuldades; à noite: mau agouro. Grupo: 12. Dezenas: 46, 48. Centenas: 247, 436. Milhar: 2.245. Orixá correspondente: Omolú.

ABANDONAR — Abandonar a própria casa: más notícias, possibilidade de morte de parentes ou amigos: Grupo: 6. Dezenas: 02, 13. Centena: 717. Milhar: 7.137. Abandonar o emprego: dinheiro. Grupos: 8, 9. Dezenas: 12, 09, 25. Centenas: 112, 345, 712. Milhar: 1.315. Ser abandonado pelos parentes ou amigos; sorte nos negócios. Grupos: 15, 24. Dezenas: 33, 75, 76. Centenas: 293, 456. Milhar: 1.258. Orixá correspondente: Xangô.

ABELHA — Ver esse inseto: dinheiro. Pegar um enxame: sorte nos amores. Ser mordido: traição. Ver abelhas sugando o néctar das flores: riqueza, alegria, consideração. Grupos: 2, 4, Dezenas: 05, 20, 73. Centenas: 105, 312, 590. Milhar: 6.533. Orixá correspondente: Oxóssi.

ABISMO — Ver um abismo: ameaça de sustos e más notícias. Cair num abismo: ameaça de loucura. Grupo: 9. Dezenas: 33, 45. Centenas: 341, 487, 934. Milhar: 1.476. Orixá correspondente: Omolú.

ABÓBORA — Ver abóboras na horta: fartura. Plantá-las: machucões, ferimentos leves. Comê-las: herança. Carregar uma abóbora: aumento de ordenado. Grupo: 12. Dezenas: 25. 76, 81. Orixá correspondente: Oyá.

ABORDAGEM — Sonhar com piratas abordando com navio: precavenha-se com inimigos ocultos. Sonhar que é um pirata e está abordando um navio: mudança de situação social dentro de algum tempo. Grupos: 2, 15. Dezenas: 07, 59. Centena: 259. Milhar: 3.469. Orixá correspondente: Exú.

ABORTO — Ver um aborto: fracassos nos empreendimentos. Ter um aborto: ameaça de ruína, completo fracasso em qualquer empreendimento. Grupos: 3, 8, 18. Dezenas: 27, 37, 68, 92. Centenas: 213, 418, 991. Milhar: 8.667. Orixá correspondente: Oxúm.

ABOTOAR — Ver botões brilhantes: felicidade, tanto mais intensa quanto maior for o número de botões. Ver botões embaçados ou sujos: desgostos, tanto mais profundos quanto maior for o número de botões. Abotoar uma roupa: noivado próximo. Grupos: 7, 14, 23. Dezenas: 12, 48, 86. Centenas: 175, 477, 577, Milhar: 1.086. Orixá correspondente: Yemanjá.

ABRAÇO — Abraçar parentes ou conhecidos: traição. Abraçar um desconhecido: viagem próxima. Abraçar uma pessoa velha: morte de parente ou amigo. Grupos: 2, 4, 14. Dezenas: 05, 28, 75; Centenas: 497, 653. Milhar 8.357. Orixá correspondente: Ogún.

ABRIGO — Procurar um abrigo contra a chuva: aborrecimentos. Grupos: 9, 21, 25. Dezenas: 34, 59, 76. Centenas: 316, 497. Milhar: 8.753. Orixá correspondente: Xangô.

ABRIR — Abrir uma porta: V. porta. Abrir uma janela: V. janela. Abrir uma lata: se é lata de conserva de carne e quem sonha que a está abrindo é mulher casada: parto feliz; se quem sonha que está abrindo é mulher solteira: casamento feliz; se a lata é de doce ou conserva de vegetal e quem sonha que está abrindo a lata é mulher: afeição correspondida; se quem sonha que está abrindo a lata é homem, em qualquer caso: sorte no amor. Grupos: 13, 15, 25. Dezenas: 50, 59, 00. Milhar: 1.200. Orixá correspondente: Exú.

ABSINTO — Tomar essa bebida: desgraça, doença. Grupo: 13. Dezenas: 19, 24, 07. Centenas: 108, 024. Milhar: 1.357. Orixá correspondente: Oxún.

ACÁCIA — Ver uma dessas flores: sorte no amor. Cheirá-la, de longe: boa saúde. Apanhar uma acácia: morte. Grupos: 2, 25. Dezenas: 05, 09, 35, 81. Centenas: 213, 385, 604, 822. Milhar: 7.450. Orixá correspondente: Oxún.

ACADEMIA — Assistir às aulas de uma academia: desgosto. Fazer parte de uma academia: fracasso nos estudos. Grupos: 3, 8, 9. Dezenas: 53, 78, 99. Centenas: 003, 458, 987. Milhar: 4.875. Orixá correspondente: Ogun.

AÇAFRÃO — Sonhar com açafrão é sempre mau: indica doença ou morte de amigo íntimo ou parente próximo. Grupo: 19. Dezenas: 34, 71, 77. Centenas 137, 637, 871. Milhar: 2.357. Orixá correspondente: Omolú.

ACAMADO — Ver uma cama vazia: infelicidade no amor. Ver uma cama com alguém deitado: satisfação de um desejo, relacionado com a pessoa que está deitada. Estar deitado numa cama: doença. Grupos:2, 5, 7. Dezenas: 03, 15, 27. Centenas: 042, 285. 838. Milhar: 9.263. Orixás correspondentes: Oxún e Xangô.

ACAMPAMENTO — Ver um acampamento: viagem inesperada. Estar vivendo num acampamento: satisfação de um desejo. Estar levantando acampamento: atraso na vida. Grupos: 8, 10, 12. Dezenas: 77, 88, 96. Centenas: 147, 374. Milhar: 8.378. Orixá correspondente: Ogún.

ACENDER — Ver fogo, fósforo, incêndio.

ACIDENTE — Assistir a um acidente: aborrecimentos. Sofrer um acidente: êxito nos empreendimentos. Grupos: 7, 13, 17. Dezenas: 07, 16, 27. Centenas: 007, 086, 176, 586. Milhar: 1.946. Orixá correspondente: Exú.

ÁCIDO — Sonhar que queimou as mãos com ácido: desgosto de família. Sonhar que queimou outras partes do corpo com ácido: desgosto sério de família. Sonhar que bebeu um ácido: mudanças de vida. Grupos: 9, 15. Dezenas: 33, 64, 98. Centenas: 133, 865, 972. Milhar: 1.133. Orixá correspondente: Exú.

ACOCORADO — Sonhar que está acocorado: perda de emprego. Ver outras pessoas acocoradas, estando o sonhador em pé: triunfo sobre adversários. Grupos: 9, 13. Dezenas: 36, 51, 87, 89. Centenas: 236, 365, 785, 885. Milhar: 1862. Orixá correspondente: Omolú.

AÇOUGUE — Entrar num açougue: receios sem fundamentos. Comprar carne num açougue: boas notícias. Grupos:5, 18, 24, 25. Dezenas: 00, 09, 43, 50. Centenas: 042, 175, 360, 933. Milhar: 2405. Orixá correspondente: Exú.

ACROBACIA — Assistir a um espetáculo de acrobacia: saúde e felicidade. Praticar acrobacia: viagem próxima. Ver a queda de um acrobata: cura de uma doença. Grupos:2, 17, 23. Centenas: 863, 856, 940. Milhar: 8.964. Orixá correspondente: Ogún.

ACUAR — Sonhar que está acuando uma fera com uma matilha de cães: retumbante sucessos nos negócios, dentro de pouco tempo, tanto mais retumbante quanto maior for o número de cães. Grupos: 5, 16, 22, 23. Dezenas: 20, 62, 85, 86, 91: Centenas: 115, 224, 437; Milhar: 1.985. Orixá correspondente: Obaluayê.

AÇÚCAR — Comer açúcar: traição de uma pessoa de sua confiança. Comprar açúcar: sorte nos negócios. Ver uma grande quantidade de açúcar: falta de sorte nos negócios. Grupos: 5, 7, 17. Dezenas: 36, 76,

89. Centenas: 005, 013, 376. Milhar: 0.076. Orixá correspondente: Oxun.

AÇUCENA — Ver uma açucena: briga, escândalo. Ver diversas açucenas, num altar: sorte no amor, probabilidade de casamento. Receber uma açucena de alguém: poderá ter certeza de que é amado(a) pela pessoa que ama (O sonho terá mais valor se a açucena for entregue pela própria pessoa que se ama). Grupos: 7, 16, 19. Dezenas: 06, 07, 47, 57. Centenas: 965. Milhar: 0.376. Orixá correspondente: Oxún.

ACUSAÇÃO — Acusar alguém de um crime: desgostos iminentes. Grupo: 9. Dezenas: 47, 89. Centenas: 864, 886, 901. Milhar: 3.763. Ser acusado de um crime por um homem: sorte nos negócios. Grupo 9. Dezenas: 86, 97, 98. Centenas: 236, 654, 864. Milhar: 3.765. Ver também júri. Orixá correspondente: Xangô.

ADAGA — Ver arma branca.

ADÃO — Sonhar que se vê Adão no Paraíso: se estiver em companhia de Eva: felicidade conjugal; se estiver sozinho: triunfo nos estudos, nos negócios ou nos amores. Grupos: 8, 9, 10. Dezenas: 30, 40, 50. Centenas: 110, 230, 340. Milhar: 1.892. Orixá correspondente: Ogún.

ADEGA — Ver uma adega de longe: doença próxima. Entrar numa adega: doença grave. Grupos: 9, 13, 15, Dezenas: 37, 75, 89, 98. Centenas: 366, 476, 777, 986. Milhar: 2.846. Orixá correspondente: Ogún.

ADERNAR — Ver naufrágio.

ADEUS — Ver despedida.

ADOBE — O mesmo significado que tijolo.

ADULAÇÃO — Ser adulado: traição de amigo ou parente. Grupos: 9, 23. Dezenas: 37, 57, 65. Centenas: 273, 376, 476, 977. Milhar: 4.754. Adular: fracasso nos negócios, perda de emprego. Grupos: 8, 13, 22. Dezenas: 36, 37, 57, 89. Centenas: 274, 474, 575, 764. Milhar: 4.758. Orixá correspondente: Oxalá.

ADULTÉRIO — Ser vítima de adultério: grandes aborrecimentos e decepções. Grupos: 8, 17, 22. Dezenas: 37, 47, 48. Centenas: 137, 383, 789. Milhar: 0.307. Praticar o adultério: sorte nos amores e nos negócios. Grupos: 9, 17, 23. Dezenas: 38, 57, 86. Centenas: 005, 034, 576. Milhar: 4.847. Tentar praticar o adultério e não conseguir: aborrecimentos de pouca importância. Grupos: 9, 13, 18, Dezenas: 03, 07, 47, 97. Centenas: 137, 486, 676. Milhar: 3.765. Orixás correspondentes: Exú e Oyá.

ADVOGADO — Ver um advogado: decepção nos negócios. Tratar de negócios com um advogado: prejuízos monetários, perda de emprego. Ser advogado no sonho, sem o ser na realidade: traição de um amigo. Grupos: 3, 9, 17, 18. Dezenas: 04, 08, 79, 88. Centenas: 387, 476, 765, 897. Milhar: 4.765. Orixá correspondente: Xangô.

AERÓLITO — Ver a queda de um aerólito: descoberta de um tesouro escondido. Sentir-se atingido por um aerólito: desastre iminente. Ver um aerólito passando pelo céu: desejo satisfeito. Grupos: 6, 7, 13, 14. Dezenas: 04, 27, 47, 76. Centenas: 028, 037, 477. Milhar: 0.476. Orixá correspondente: Oxalá.

AEROPLANO — Ver avião.

AFIAR — Ver amolar.

AFILHADO — Sonhar com afilhado: vida calma nos próximos meses. Sonhar que é afilhado de uma pessoa de que não é na realidade: viagem inesperada. Grupos: 7, 8. Dezenas: 25, 36, 79. Centenas: 123, 453, 525. Milhar: 2.536. Orixá correspondente: Ogún.

AFLIÇÃO — Sentir-se aflito: um bom acontecimento dentro de poucos dias. Ver alguém aflito: doenças de parentes ou amigos: Grupos: 3, 7, 13. Dezenas: 65, 68, 78. 81. Centenas: 137, 476, 532, 544. Milhar: 3.766. Orixá correspondente: Oxóssi.

AFOGAR — Estar se afogando: morte prematura. Ver uma pessoa se afogando: triunfo sobre os inimigos. Grupos: 9, 15. Dezenas: 23, 27, 38, 48. Centenas: 046, 143, 376. Milhar: 1.687. Orixá correspondente: Yemanjá.

AFÔNICO — Sonhar que se está afônico: decepção próxima com pessoa amiga. Grupos: 2, 23. Dezenas: 07, 77, 91. Centenas: 236, 476, 678. Milhar: 6.791. Orixá correspondente: Omolú.

ÁFRICA — Sonhar que se está na África: promoção no emprego. Sonhar que se mora na África: lucro nos negócios. Sonhar que se vai à África: reconciliação com parente próximo. Grupos: 12, 16. Dezenas: 46, 48, 56, 87. Centenas: 146, 387, 698. Milhar: 2.938. Orixá correspondente: Xangô.

AFRONTA — Receber uma afronta: acontecimentos favoráveis. Fazer uma afronta a alguém: desgostos na família. Grupos: 2, 9, 18, 21. Dezenas: 12, 19, 79. Centenas: 176, 387, 865. Milhar: 0.897. Orixá correspondente: Exú.

AFROUXAR — Afrouxar um cinto: amor correspondido. Ver outra pessoa afrouxando um cinto: dificuldades superadas. Afrouxar um cinto juntamente com outra pessoa: seus desejos serão realizados. Grupos: 2, 11. Dezenas: 23, 44. 56. Centenas: 126. 332, 765. Milhar: 3.864. Orixá correspondente: Nanã.

AGARRAR — Ser agarrado por um animal desconhecido: mudança de vida. Grupo: 23. Dezenas: 91, 92. Centenas: 191, 192. Milhar: 2.390. Ser agarrado por um animal conhecido: viagem próxima. Grupo, dezenas, centenas e milhares do respectivo animal, se os houver, ou do grupo 23, em caso contrário. Ser agarrado por outra pessoa: sua vida tomará um rumo inteiramente novo. Agarrar outra pessoa: seu desejo com relação a essa pessoa será realizado. Grupos: 9, 23. Dezenas: 32, 46, 78. Centenas: 237, 485, 789. Milhar: 8.283. Orixá correspondente: Obaluayê.

AGILIDADE — Ver acrobacia.

AGONIA — Ver morte.

AGRADAR — Mesmo significado que adular.

AGRADECER — Estar agradecendo a alguém: doença grave. Receber agradecimentos de alguém: dificuldades superadas. Grupos: 7, 10. Dezenas: 34, 76, 81. Centenas: 136, 352, 465, 562. Milhar: 5.473. Orixá correspondente: Ogún.

AGRESSÃO — Ser agredido: acontecimentos favoráveis. Agredir alguém: complicações nos negócios, nem sempre, porém, com maus resultados. Ver uma pessoa agredindo outra: perda de emprego, mas em geral, para arranjar melhor colocação. Grupos: 5, 15, 22, 23. Dezenas: 23, 37, 57, 68. Centenas: 038, 276, 376, 601. Milhar: 8.376. Orixá correspondente: Exú.

AGRIÃO — Viagem por mar. Grupo: 12. Dezenas: 23, 67. Centenas: 234, 376, 765. Milhar: 3.645. Orixá correspondente: Ossaiyn.

ÁGUA — Ver água limpa: felicidade, durante vários dias. Ver água suja: desgostos. Beber água: se for água fria, é bom sinal, mas se for água quente, o sonho indica ameaças e perigo. Entrar na água: perda de um conhecido. Ver água corrente: prosperidade econômica. Ver água estagnada: dificuldades econômicas. Ver a água cair de uma cachoeira: sorte grande na loteria. Grupos: 9, 12, 15. Dezenas: 23, 46, 58, 77. Centenas: 139, 209, 479, 912. Milhar: 3.245. Ver também banho. Orixá correspondente: Yemanjá.

AGUARDENTE — Ver cachaça.

ÁGUIA — Ver uma águia: triunfos na vida. Ser atacado por uma águia: prejuízos. Ser transportado nos ares por uma águia: triunfos espetaculares, quer nos negócios, quer nos amores. Ver uma águia morta: desavença grave. Grupo: 2 e respectivas dezenas. Centenas: 208, 305, 708, 803. Milhar: 1.905. Orixá correspondente: Oyá.

AGULHA — Ver uma ou mais de uma agulha: intrigas, tanto mais perigosas quanto maior for o número de agulhas. Espetar-se com agulha: no dedo, traição de um amigo; no braço, traição do cônjuge, noivo, etc.; noutra parte do corpo, cilada de inimigos. Grupos: 2, 9, 15, 16. Dezenas: 03, 28, 57, 87. Centenas: 137, 376, 576. Milhar: 2.537. Orixá correspondente: Exú.

AJUDAR — Ajudar alguém a fazer um serviço: prosperidade para a pessoa que é ajudada no sonho. Ser ajudado por alguém: dificuldades nos negócios. Ver uma pessoa ajudando outra: morte de um conhecido. Grupos: 3, 7. Dezenas: 12. 13, 78. Centenas: 138, 795. Milhar: 7.385. Orixá correspondente: Ogún.

ALAMBIQUE: Ver um alambique: preocupações. Manobrar um alambique: carta trazendo más notícias. Grupos: 8, 10, 12, 14. Dezenas: 26, 34, 47, 76. Centenas: 136, 278, 571, 600. Milhar: 2.907. Orixá correspondente: Omolú.

ALÇAPÃO — Ver uma pessoa sair de um alçapão: divulgação de um segredo guardado. Cair num alçapão: perda de emprego ou posição social. Ver um alçapão fechado: cuidado com os falsos amigos. Grupos: 7, 13, 17, 23. Dezenas: 23, 46, 56, 77. Centenas: 002, 796, 808. Milhar: 2.794. Orixá

correspondente: Obaluayê.
ALCOVA — Estar dentro de uma alcova fechada: sorte nos amores. Estar dentro de uma alcova aberta: aborrecimentos sem grande importância. Grupos: 5, 9, 18, 25. Dezenas: 39, 75, 84, 90. Centenas: 137. 876, 964, 987. Milhar: 7.365. Orixás correspondentes: Exú e Xangô.
ALCUNHA — Sonhar que se tem uma alcunha que não se tem na realidade: ameaça de perda de liberdade ou de grave transtorno na vida. Grupo:: 17. Dezenas: 66, 78, 98. Centenas: 123, 754, 865, 900. Milhar: 2.066. Orixá correspondente: Nanã.
ALECRIM — Aborto ou parto difícil na família. Grupos: 3, 9, 11, 16. Dezenas: 07, 43, 58, 70. Centenas: 128, 191, 276, 468. Milhar: 5.093. Orixá correspondente: Oxóssi.
ALEIJÃO — Sonhar que se é aleijado sem o ser: desgosto de família. Sonhar que outra pessoa é aleijada sem o ser na realidade: desavença com essa pessoa, tanto mais séria quanto mais grave for o aleijão. Ver um ou mais de um aleijado: atraso na vida, tanto mais sério quanto maior for o número de aleijados. Grupos: 9, 17, 23. Dezenas: 38, 76, 85, 92. Centenas: 376, 476, 720. 865, 901. Milhar: 9.001. Ver também corcunda, que não tem a mesma significação. Orixá correspondente: Omolú.
ALFAIATE — Conversar com um alfaiate: prejuízos monetários. Ver um alfaiate cortando roupa: intriga. Vê-lo experimentando roupa em outra pessoa: infidelidade conjugal. Vê-lo experimentando roupa em nós próprios: doença grave, com perigo de vida. Grupos: 7, 8, 17, 22. Dezenas: 08, 36, 48, 77, 92. Centenas: 123. 127, 438. Milhar: 0.713. Orixá correspondente: Exú.
ALFANJE — Ver arma branca.
ALFINETE — Ver um ou mais de um alfinete: preocupações, tanto mais sérias quanto maior for o número de alfinetes vistos. Comprar alfinetes: bons negócios. Espetar-se num alfinete: sorte no jogo ou na loteria. Quebrar ou ver alfinetes quebrados: prejuízos, tanto maiores quanto maior for o número de alfinetes quebrados. Grupos: 2, 5, 10, 13, 17. Dezenas: 08, 23, 46, 55, 70. Centenas: 008, 245, 781, 936, 980. Milhar: 1.673. Orixá correspondente: Ogún.
ALFORJE — Mesmo significado que saco.
ALGA — Mau agouro. Grupo: 15. Dezenas: 16, 84. Centenas: 376, 650. Milhar: 6.737. Orixá correspondente: Oxumarê.
ALGARISMOS — Ver números.
ALGEMAS — Ver alguém algemado: felicidade conjugal. Ser algemado: melhoria de situação financeira. Algemar alguém: amores bem-sucedidos. Grupos: 2, 20, 25. Dezenas: 36, 45, 49, 99. Centenas: 100, 238, 476, 900. Milhar: 1.376. Orixá correspondente: Exú.
ALGODÃO — Plantar algodão: vida agitada. Ver plantações de algodão: vida agitada, mas com grande possibilidade de ganhar dinheiro. Pegar em algodão: sorte em tudo que fizer, pelo menos durante uma semana. Grupos: 6, 7, 8. Dezenas: 54, 67, 98. Centenas: 034, 109, 762. Milhar: 0.035. Orixá correspondente: Oxalá.

ALHO — Ver uma ou mais de uma cabeça de alho: aborrecimentos, tanto mais sérios quanto maior for o número de cabeças de alho. Comer alho: doença grave, tanto mais grave quanto maior for a quantidade de alho comida. Cheirar alho: surpresas, provavelmente desagradáveis. Plantar alho: revelação de um segredo. Ver outras pessoas comendo alho: desavenças com parentes ou amigos. Grupos: 1, 6, 18, 24. Dezenas: 14, 22, 44, 80, 96. Centenas: 346, 606, 840, 870. Milhar 3.257. Orixá correspondente: Exú.
ALIANÇA — Ver anel.
ALIMENTOS EM GERAL — Prepará-los: se for mulher casada, parto feliz; se for mulher solteira, bom casamento; se for homem, fracasso amoroso. Comê-los: morte de parentes ou amigos. Não conseguir comê-los: dificuldades financeiras. Grupos: 6, 7, 13, 14, 18, 25. Dezenas: 18, 37, 62, 76. Centenas: 137, 476, 765, 876. Milhar: 2.764. Orixás correspondentes: Ogún e Xangô.
ALMA — Ver fantasma.
ALMANAQUE — Ver um almanaque: melhoria de vida. Folhear um almanaque: prosperidade. Grupos: 2, 7, 14, 16. Dezenas: 10, 22, 45, 95. Centenas: 016, 205, 396. Milhar: 6.570. Orixá correspondente. Exú.
ALMEIRÃO — Casamento próximo. Grupo: 25. Dezena: 00. Centena: 376. Milhar: 8.535. Orixá correspondente: Ogún.
ALMÍSCAR — Realização de um desejo amoroso. Grupos: 6, 7, 8. Dezenas: 04, 43, 90. Centenas: 234, 506, 729. Milhar: 3. 383. Orixá correspondente: Oxún.
ALMOÇO — Ver alimentos.
ALPENDRE — Ver varanda.
ALTAR — Ver um altar: casamento feliz. Ver um altar caindo: viagem repentina por motivo desagradável. Colocar uma imagem num altar: reconciliação. Grupos: 11, 13, 15. 21. Dezenas: 09, 26, 44, 86. Centenas: 321. 516, 724, 838. Milhar: 5.679. Orixá correspondente: Oxún.
ALTERAÇÃO — Ver discussão.
ALUGAR — Sonhar que se está alugando uma casa para outra pessoa: desavenças na vida conjugal. Sonhar que está alugando casa de outra pessoa: viagem inesperada. Grupos: 12, 21. Dezenas: 03, 81, 92. Centenas: 020, 438, 762, 802. Milhar: 4.528. Orixá correspondente: Ossaiyn.
ALVORADA — Ouvir o toque da alvorada: notícia inesperada e satisfatória, dentro de pouco tempo. Grupos: 2, 13. Dezenas: 36, 40, 86. Centenas: 032, 537, 765. Milhar: 8.386. Ver o sol levantar-se no horizonte: triunfo sobre inimigos. Grupos: 2, 13. Dezenas: 03, 46, 82. Centenas: 320, 403, 972. Milhar: 0.386. Orixá correspondente: Oxún.
AMAMENTAR — Ver uma mulher amamentando uma criança: doença prolongada e perigosa. Grupos: 6, 7, 25. Dezenas: 37, 46, 57, 97. Centenas: 137, 875, 987. Milhar: 0.037. Orixá correspondente: Yemanjá.
AMANHECER — Ver alvorada.
AMANTE — Ver o amante ou a amante: separação. Bater no amante ou

na amante: ameaça de serem descobertos seus amores. Grupos: 3, 7, 18, 23. Dezenas: 76, 87, 88, 91. Centenas: 137, 736, 876, 975. Milhar: 9.276. Orixá correspondente: Oyá.

AMARELO — Ver cor.

AMARROTADO — Estar com a roupa amarrotada: sorte no jogo. Ver alguém com roupa amarrotada: mudanças de domicílio. Grupos: 8, 23. Dezenas: 05, 56, 83. Centenas: 030, 834, 904. Milhar: 4.294. Orixá correspondente: Ogún.

AMBULÂNCIA — Ver uma ambulância: doença próxima. Ser transportado numa ambulância: sorte no jogo, pelo menos durante três dias. Ver alguém ser transportado numa ambulância: recebimento de herança. Grupos: 2, 6, 16, 23. Dezenas: 03, 37, 47, 57. Centenas: 137, 837, 865. Milhar: 1.406. Orixá correspondente: Omolú.

AMEAÇAR — Ameaçar alguém: viagem inesperada. Ser ameaçado por alguém: regresso inesperado de parente próximo. Grupos: 9, 21, 23. Dezenas: 34, 50, 82. Centenas: 172, 263, 853. Milhar: 3.742.. Orixá correspondente: Exú.

AMEIXA — Ver ameixas no pé: ameaça de traição. Colher ameixas: triunfos sobre traição. Comer ameixas: saúde e alegria. Grupos: 2, 7, 12, 19. Dezenas: 25, 46, 63, 75. Centenas: 293, 325, 410, 650. Milhar: 1.340. Orixá correspondente: Ogún.

AMÊNDOAS — Ver amêndoas: aborrecimentos. Comê-las: sorte nos negócios. Quando a mulher sonha com amêndoas: gravidez, se for casada, ou casamento feliz, se for solteira. Grupos:4, 8, 15, 19, 21. Dezenas: 15, 30, 44, 59, 80. Centenas: 215, 330, 560, 672, 921. Milhar:6.715. Orixá correspondente: Exú.

AMIGO — Ver um amigo: intriga. Ver diversos amigos: rompimento de relações. Comer em companhia de amigos: desgostos provocados por inveja. Brigar com um amigo: prejuízos nos negócios. Grupos: 2, 11, 23. Dezenas: 12, 42, 65, 83. Centenas: 018, 306, 481. Milhar: 0.032. Orixá correspondente: Exú.

AMOLAR — Amolar uma faca: viagem por mar. Amolar uma tesoura: alteração na vida conjugal. Ver outra pessoa amolando faca ou tesoura: intriga envolvendo pessoas íntimas. Grupos: 2, 15. Dezenas: 03, 61, 72. Centenas: 030, 146, 789, 801. Milhar: 1.486. Orixá correspondente: Ogún.

AMONÍACO — Sonhar que se está cheirando amoníaco: viagem próxima, mas para lugar não muito distante. Grupos: 1, 18. Dezenas: 53, 83, 93. Centenas: 041, 835, 962, 973. Milhar: 8.365. Orixá correspondente: Exú.

AMORA — Comer amoras: aborrecimentos. Receber amoras de presente: ameaça de traição por parte de falsos amigos. Grupos: 4, 13, 15, 21. Dezenas: 00, 52, 60, 96. Centenas: 100, 224, 436, 801. Milhar: 0.012. Orixá

correspondente: Xangô.
AMURADA — O mesmo significado que muro.
ANÁGUA — Sonhar que está vestindo uma anágua: mudança de estado civil. Sonhar que está tirando uma anágua: afeto correspondido. Ver uma anágua pendurada: se quem sonha é homem: novos amores; se quem sonha é mulher: reviravolta na vida. Grupos: 1, 2. Dezenas: 01, 02, 43, 78. Centenas: 101, 102, 546, 683. Milhar: 1.101. Orixá correspondente: Oxún.
ANÃO — Ver um anão: aborrecimentos sem grande importância. Ver diversos anões: doença grave. Ver-se perseguido ou agarrado por anões: nerança, tanto mais valiosa quanto maior for o número de anões. Grupos: 8, 12, 18, 20. Dezenas: 26, 39, 60, 81. Centenas: 210, 436, 635, 878. Milhar: 6.251. Orixá correspondente: Exú.
ÂNCORA — Ver uma âncora: realização das esperanças. Pegar uma âncora: amor correspondido. Grupos: 3, 7, 15, 19. Dezenas: 26, 39, 60, 78. Centenas: 106, 210, 224, 272, 320. Milhar: 2.678. Orixá correspondente: Yemanjá.
ANDORINHA — Ver uma andorinha voando: adultério, infidelidade. Ver uma andorinha entrar em casa: boas notícias. Ver uma andorinha fazendo ninho em nossa casa: felicidade inesperada. Ver andorinhas voando sobre o mar, lagos ou rios: desastres, tanto mais perigosos quanto maior for o número de andorinhas. Grupos: 1, 2, 19, 20. Dezenas: 17, 29, 38, 54. Centenas: 005, 223, 387, 902. Milhar: 0.975. Orixá correspondente: Oxún.
ANDRAJOS — Ver-se coberto de andrajos: fracasso nos amores. Ver alguém coberto de andrajos: reviravolta na vida. Grupo: 17. Dezenas: 93, 97. Centenas: 134, 841, 902. Milhar: 1.006. Orixá correspondente: Omolú.
ANEL — Ver um anel em joalheria: casamento próximo. Ganhar um anel de presente: amor correspondido. Achar um anel: novos amores. Dar um anel a alguém: amor não correspondido. Perder um anel: contrariedades. Grupos: 3, 7, 13, 19, 23. Dezenas:12, 21, 36, 44, 68. Centenas: 109, 210, 324, 505, 920. Milhar: 5.312. Orixá correspondente: Oxún.
ANIMAL — Ver separadamente os diversos animais.
ANIVERSÁRIO — Sermos o próprio aniversariante: boa saúde. Festejar aniversário de outra pessoa: aborrecimentos sem grandes conseqüências. Grupos: 5, 8, 12, 15, 20. Dezenas: 36, 41, 59, 78. Centenas: 102, 320, 418, 738, 821. Milhar: 0.240. Orixá correspondente: Ibeji (crianças).
ANJO — Ver um anjo voando: viagem inesperada de pessoa da família. Ver um anjo de pé: aumento na família. Sonhar que se é anjo: transtorno na vida. Grupos: 2, 7. Dezenas: 32, 85, 90. Centenas: 920, 945. Milhar: 4.830. Orixá correspondente: Oxún.
ANUM — Sonhar com o anum é sempre de mau agouro, principalmente se tratando de anum-branco. Ver aves.
ANZOL — É sempre um sonho de mau agouro. Grupos: 9, 15, 17, 21.

Dezenas: 06, 14, 33, 53, 81. Centenas: 193, 280, 426, 731. Milhar: 8.674. Orixá correspondente: Yemanjá.
APAGAR — Ver fogo, incêndio, etc.
APELIDO — Ver alcunha.
APERTAR — Apertar o cinto: aborrecimentos para breve. Ver alguém apertando o cinto: notícia inesperada envolvendo pessoa conhecida. Grupo: 17. Dezenas: 63, 69, 75, 90. Centenas: 383, 855, 876. Milhar: 5.473. Orixá correspondente: Omolú.
APLAUDIR — Sonhar que se está aplaudindo alguém: promoção no emprego. Sonhar que está sendo aplaudido: mudança de vida inesperada. Grupos: 17, 21. Dezenas: 34, 52, 74, 82. Centenas: 285, 827, 888, 922. Milhar: 2.385. Orixá correspondente: Ogún.
APOPLEXIA — Ver congestão.
APOSTA — Fazer uma aposta: surpresa desagradável, principalmente nos negócios. Ganhar uma aposta: falta de sorte no jogo, pelo menos durante três dias. Perder uma aposta: sorte no jogo, dentro dos três próximos dias. Grupos: 6, 9, 14, 17, 20. Dezenas: 25, 39, 42, 69, 81. Centenas: 116, 340, 587, 791. Milhar: 6.015. Orixá correspondente: Oxóssi.
APÓSTOLO — Ver os Apóstolos: notícias favoráveis. Ouví-los falar: notícias ainda mais favoráveis. Grupos: 2, 16. Dezenas: 32, 33, 97. Centenas: 133, 245, 863. Milhar: 9.283. Orixá correspondente: Oxalá.
AQUEDUTO — Ver um aqueduto: notícia inesperada. Andar sobre um aqueduto: reviravolta na vida. Grupos: 17, 23, 24. Dezenas: 28, 37, 38, 86. Centenas: 232, 432, 863, 962. Milhar: 6.435. Orixá correspondente: Ogún.
ARADO — Ver um arado imóvel: prosperidade. Ver uma pessoa arando a terra: prejuízo nos negócios. Grupos: 4, 9, 15, 17, 21. Dezenas: 18, 36, 61, 75, 87. Centenas: 112, 118, 349, 551. Milhar: 3.418. Orixá correspondente: Exú.
ARANHA — Ver uma aranha: traição de pessoa em quem depositamos confiança. Matar uma aranha: sorte no jogo. Ser mordido por uma aranha: prejuízo nos negócios. Sermos perseguidos por aranhas: aborrecimentos, tanto mais sérios quanto maior for o número de aranhas. Grupos: 7, 14, 18, 19, 25. Dezenas: 29, 40, 55, 78, 81. Centenas: 114, 118, 216, 415, 831. Milhar: 2. 375. Orixá correspondente: Oxalá.
ARARA — Ver aves.
ARCHOTE — Ver fogo.
ARCO — Sonhar que se está empunhando um arco: partida para terras distantes. Grupos: 2, 9, 12. Dezenas: 32, 64, 77, 79, 81. Centenas: 433, 439, 586, 662. Milhar: 4.387. Orixá correspondente: Oxóssi.
ARCO-ÍRIS — Ver um arco-íris: melhoria de vida. Passar debaixo de um

arco-íris: infelicidade nos amores. Grupos: 2, 5, 11, 24. Dezenas: 22, 33, 51, 64. Centenas: 340, 376, 476, 487. Milhar: 1.477. Orixá correspondente: Oxumaré.

AREIA — Ver areia: felicidade, tanto maior quanto maior for a quantidade de areia. Ver chover areia: recebimento de herança ou descoberta de tesouro oculto. Ser enterrado na areia: sorte no jogo, especialmente na loteria. Ver outra pessoa enterrada na areia: falta de sorte no jogo, pelo menos durante oito dias. Grupos: 3, 9, 16, 20. Dezenas: 19, 27, 37, 67, 91. Centenas: 157, 975, 998. Milhar: 0.203. Orixá correspondente: Yemanjá

ARMA BRANCA — Ver armas brancas: complicações na vida. Pegar numa arma branca: perigo iminente, principalmente se for com intenção de matar ou ferir alguém (no sonho). Ser ferido por arma branca: ameaça de desastre em viagem. Grupos: 5, 9, 17, 22. Dezenas: 37, 47, 87, 98. Centenas: 028, 128, 387, 477, 509. Milhar: 9.376. Orixá correspondente: Ogún.

ARMA DE FOGO — Ver uma arma de fogo: cilada de inimigos. Pegar em arma de fogo ou dela fazer uso: doença grave. Matarmos alguém com arma de fogo: mau agouro para nós próprios. Grupos: 5, 16, 22, 24. Dezenas: 01, 28, 64, 83, 97. Centenas: 237, 430, 448, 583, 601. Milhar: 1.837. Orixá correspondente: Exú.

ARMADURA — Ver uma armadura: dificuldades financeiras. Estarmos dentro de uma armadura: ameaça próxima e séria, em geral de perda de liberdade. Estarmos saindo de uma armadura: vitória sobre os inimigos e suas ameaças. Grupos: 4, 10, 14, 16. Dezenas: 15, 36, 40, 78. Centenas: 420, 498, 516. 721. Milhar: 8.320. Orixá correspondente: Ogún.

ARMÁRIO — Ver um armário cheio: prosperidade. Ver um armário vazio: prejuízo, falta de sorte. Estar dentro de um armário: perigo de vida. Ver outra pessoa dentro de um armário: perigo de vida para tal pessoa. Grupos: 7, 11, 15, 21. Dezenas: 28, 32, 44, 60, 84. Centenas: 197, 223, 412, 508. Milhar: 1.487. Orixá correspondente: Exú.

ARRUMAR — Sonhar que se está arrumando malas ou fazendo embrulhos: transformação na vida, de maior significação se a pessoa que sonha é mulher. Grupos: 3, 8, 12. Dezenas: 29, 31, 46. Centenas: 329, 431. Milhar: 6.012. Orixá correspondente: Omolú.

ARTILHARIA — Ver canhão.

ÁRVORE — Ver árvores: tranquilidade de espírito, se as árvores estão verdes, e aborrecimentos se estão secas. Ver uma árvore derrubada pelo raio: mau agouro. Subir numa árvore: dificuldades vencidas. Ver alguém subir numa árvore: ameaça de traição por parte de falsos amigos. Ver alguém cair de uma árvore: triunfo sobre as intrigas, armadas por falsos amigos. Derrubar uma árvore ou ver alguém derrubando-a: doença grave. Grupos: 2, 13, 14, 17. Dezenas: 02, 19, 36, 48. Centenas: 137, 487, 576, 681. Milhar: 9.365. Orixá correspondente: Ossaiyn.

ASNO — Ver burro.
ASSASSINATO — Cometer um assassinato: desgostos profundos. Ser vítima de um assassinato: perda de amigo ou parente. Presenciar um assassinato: mudança de residência ou domicílio contra a própria vontade. Grupos: 5, 9, 16, 21. Dezenas: 10, 18, 22, 61, 80. Centenas: 108, 188, 214, 346, 518. Milhar: 9.630. Orixá correspondente: Exú.
ASSOBIO — Estarmos assobiando: desgostos sérios, provocados pela maledicência. Ver outra pessoa assobiando: desgosto passageiro, provocado pela maledicência. Grupos: 3, 6, 12, 21. Dezenas: 13, 93, 98. Centenas: 012, 047, 385, 576. Milhar: 0.476. Orixá correspondente: Ogún.
ATAÚDE — Ver esquife.
ATOLAR — Ver barro e lama.
ATOR ou ATRIZ — Ver um ator ou atriz: aborrecimentos. Vê-los representar: decepção. Oferecer flores a uma atriz: amor não correspondido. Grupos: 9, 17, 19. Dezenas: 09, 15, 48. Centenas: 074, 137, 475, 684. Milhar: 7.648. V. também teatro. Orixás correspondentes: Oxóssi e Oyá.
AUTOMÓVEL — Ver carro.
AVES EM GERAL — Ver aves, pousadas ou voando: prosperidade, tanto maior quanto maior for o número de aves. Se as aves estiverem voando, o sonho será ainda mais propício. Ver aves presas: morte de um inimigo. Ver aves fugindo de viveiro ou gaiola: triunfo sobre inimigos. Matar uma ave: morte de parente ou amigos. (As aves de rapina não estão incluídas, pois, em geral, são de mau agouro). Também o anum e o bacurau são aves de mau agouro nos sonhos. Grupos:2, 3, 17. Dezenas: 11, 29, 42. Centenas: 188, 242, 386, 976. Milhar: 1.486. Orixá correspondente: Omolú.
AVIÃO — Ver um avião no espaço: triunfo sobre inimigos. Ver um avião levantando vôo: prosperidade. Ver um avião cair: maquinações de inimigos. Ver um avião incendiar-se no ar: perigo iminente. Estar viajando de avião: notícia de pessoa ausente. Ser vítima de um desastre de avião: doença na família. Grupos: 2, 4, 17, 20. Dezenas: 03, 15, 42, 48, 55, 68. Centenas: 032, 327, 727, 773, 829. Milhar 1.827. Orixá correspondente: Oxalá.
AZEITE — Beber azeite: viagem inesperada. Entornar azeite: acidente grave. Grupos: 2, 7, 11, 13. Dezenas: 15, 18, 35, 42, 76. Centenas: 038, 213, 382, 827, 881, 921. Milhar: 1.483. Orixá correspondente: Oxalá.
AZEITONA — Ver azeitonas: discórdia na família, tanto mais grave quanto maior for o número de azeitonas. Comer azeitonas: complicações comerciais ou financeiras. Grupos: 1, 6, 17, 18. Dezenas: 06, 14, 42, 55, 72, 82. Centenas: 112, 221, 393, 483, 526. Milhar: 1.486. Orixá correspondente: Oxalá.
AZUL — Ver cor.

B

BABA — Sonhar que se está babando: profunda decepção amorosa. Ver outra pessoa babando: desavença com pessoa amiga. Grupos: 15, 17, 18. Dezenas: 32, 54, 76, 85. Centenas: 286, 375, 836, 901. Milhar: 3.008. Orixá correspondente: Omolú.
BACALHAU — Ver bacalhau: amores contrariados. Comer bacalhau: casamento ou noivado próximo. Grupos: 6, 9, 15, 18. Dezenas: 12, 43, 50, 61, 72. Centenas: 003, 142, 184, 235, 483, 827. Milhar: 9.386. Orixá correspondente: Yemanjá.
BACAMARTE — Ver arma de fogo.
BACIA — Ver uma bacia: intrigas. Lavar as mãos numa bacia: complicações com a justiça. Grupos: 7, 9, 15, 23. Dezenas: 06, 43, 54, 81, 88. Centenas: 007, 186, 243, 581, 936. Milhar: 8.960. Orixá correspondente: Ogún.
BACURAU — Sonho de mau agouro. Ver aves.
BAILE — Ver dança.
BAJULAR — Mesma significação que agradar.
BALA — Ver arma de fogo. Ver doce.
BALAIO — Mesma significação que caixa.
BALDE — Mesma significação que bacia.
BALEIA — Ver uma baleia: viagem inesperada, se a baleia estiver viva, e prosperidade, se estiver morta, principalmente se estiver morta em terra. Grupos: 12, 15. Dezenas: 47, 48, 65, 81. Centenas: 347, 648, 790. Milhar: 2.348. Orixá correspondente: Yemanjá.
BALSA — Sonhar que se está atravessando um rio numa balsa: sua vida tomará novos rumos. Ver apenas uma balsa num rio: mudança de residência. Grupo: 15. Dezenas: 34, 58, 60, 87. Centenas: 234, 460, 560, 660. Milhar: 4.936. Orixá correspondente: Oxóssi.
BANANA — Ver fruta.

BANCO — Estar sentado num banco de madeira: casamento ou noivado próximo. Estar sentado num banco de pedra: viagem ou mudança de domicílio. Grupos: 1, 5, 12, 25. Dezenas: 01, 15, 43, 48, 71. Centenas: 138, 328, 438, 491, 558, 666. Milhar: 1.268. Estar fazendo depósito ou retirando dinheiro de um banco: promoção no emprego. Grupos: 6, 7, 17, 21. Dezenas: 14, 53, 58, 62, 82. Centenas: 138, 201, 331, 482, 739. Milhar: 1.384. Orixá correspondente: Xangô.

BANDEIRA — Assistir ao hasteamento de uma bandeira: esperanças realizadas. Assistir ao descimento de uma bandeira: decepções. Ver uma bandeira hasteada a meio pau: aborrecimentos na família. Carregar uma bandeira: sucesso nos empreendimentos. Grupos: 1, 4, 10, 13. Dezenas: 06, 44, 52, 68, 77. Centenas: 006, 204, 431, 772, 780, 832, 912. Milhar: 3.450. Orixá correspondente: Exú.

BANGUELA — Ver alguém banguela: atraso na vida. Grupos: 19, 20. Dezenas: 80, 97, 99. Centenas: 230, 437, 569, 668. Milhar: 3.080. Ver também dente. Orixá correspondente: Ogún.

BANHO — Tomar banho: prejuízos nos negócios. Ver outra pessoa tomando banho: desejo realizado. Grupos: 5, 13. Dezenas: 20, 41, 48, 52. Centenas: 320, 445, 552. Milhar: 1.652. Orixá correspondente: Oxún.

BARALHO — É sempre um sonho desfavorável, principalmente para os homens. Grupos: 3, 8, 15, 17. Dezenas: 12, 33, 40, 52, 88. Centenas: 004, 104, 115, 231, 431. Milhar: 1.385. Orixá correspondente: Exú.

BARÃO — Ver fidalgo.

BARATA — Ver baratas andando: desavenças na família. Ver baratas voando: más notícias. Ser mordido por baratas: doença. Grupos: 1, 13, 14, 22. Dezenas: 02, 23, 48, 86, 94. Centenas: 005, 340, 591, 787, 980. Milhar: 7.313. Orixá correspondente: Omolú.

BARBA — Ver um homem com uma grande barba preta: se quem sonha é mulher, amor correspondido: se é homem, triunfo nos negócios. Ver um homem com uma grande barba branca: se quem sonha é mulher, namoro ou noivado desfeito ou desavenças conjugais; se quem sonha é homem, doença grave. Termos uma barba grande: para o homem, sinal de prosperidade; para a mulher satisfação de um desejo oculto. Estarmos fazendo a barba: dificuldades superadas. Grupos: 10, 16, 17. Dezenas: 18, 35, 43, 64. Centenas: 110, 229, 318, 562. Milhar: 0.987. Orixá correspondente: Xangô.

BARCO — É sempre sinal de prosperidade. Grupos: 1, 9, 10, 12. Dezenas: 06, 81, 92, 98. Centenas: 129, 209, 311, 415. Milhar: 8.019. Orixá correspondente: Oxún.

BARRANCO — Estar descendo por um barranco a pé: dificuldades superadas nos próximos meses. Estar subindo a pé por um barranco: dificul-

dades inesperadas nos próximos meses. Estar descendo um barranco a cavalo: rumo inesperado em sua vida, para melhor. Estar subindo um barranco a cavalo: rumo inesperado em sua vida, para pior. Avistar simplesmente um barranco: aborrecimentos de pequena monta. Grupos: 6, 9, 11. Dezenas: 24, 63, 68, 89. Centenas: 224, 624, 824. Milhar: 3.974.. Orixá correspondente: Exú.
BARRICA — Ver uma barrica vazia: dificuldades financeiras. Ver uma barrica cheia: prosperidade. Estar dentro de uma barrica: ameaça de afogamento. Ver uma barrica boiando nas águas: triunfo sobre dificuldades financeiras e solução de desavenças matrimoniais. Grupos: 4, 5, 11, 15. Dezenas: 18, 35, 48, 82. Centenas: 117, 341, 578, 780. Milhar: 8.845. Orixá correspondente: Ogún.
BARRIL — Mesma significação de barrica.
BARRO — Tem significado diferente de lama, a não ser quando se trata de sonhos em que a pessoa se vê atolando no barro ou na lama, quando o significado é o mesmo. Atolar-se no barro ou na lama: calúnias de falsos amigos irão acarretar-lhe situações sumamente desagradáveis. Estar amassando barro: triunfo sobre maquinações de inimigos e falsos amigos. Estar com o sapato cheio de crostas de barro: enfrentará lutas e dificuldades, mas sairá vitorioso em todas, embora, possivelmente, depois de muito tempo. Grupos: 8, 15. Dezenas: 34, 47, 76, 84. Centenas: 327, 726, 746, 947. Milhar: 2.385. Orixá correspondente: Exú.
BASTÃO — Ver bengala.
BATALHA — Ver combate.
BATATA — Ver uma plantação de batatas ou batatas colhidas: prosperidade, tanto maior quanto maior for o número de batatas ou pés de batatas. Comer batatas: grande sorte no jogo. Estar vomitando batatas: prejuízo financeiro. Jogar batatas em alguém: maus negócios. Grupos: 9, 10, 13, 14. Dezenas: 27, 47, 56, 62. Centenas: 030, 204, 376, 476, 577. Milhar: 1.047. Orixá correspondente: Omolú.
BATER — Ver agressão.
BATIZADO — Assistir a um batizado: sorte no jogo, durante um período aproximado de oito dias. Ser batizado: dificuldades superadas. Grupos: 1, 6, 7. Dezenas: 36, 39, 58, 97. Centenas: 093, 237, 378. 408. Milhar: 1.476. Orixá correspondente: Oxún.
BATRÁQUIO — Ver sapo.
BAÚ — Mesma significação que caixa.
BEBÊ — Ver recém-nascido.
BEBEDEIRA — Estar embriagado: degringolada na situação econômica. Ver alguém embriagado: notícias de pessoa ausente. Segurar uma pessoa embriagada: reconciliação. Grupos: 6, 8, 18, 21. Dezenas: 40, 72, 81. 97.

Centenas: 116, 298, 397, 415, 805. Milhar: 6.642. Orixá correspondente: Exú.
BEBER — Beber água: ver água. Beber cerveja: sorte no jogo. Beber refrigerante: sorte no amor. Beber vinho ou outra bebida alcóolica, exceto aguardente: viagem próxima e inesperada. Grupos: 7, 14, 16, 23. Dezenas: 21, 28, 33, 57. Centenas: 127, 477, 577, 808. Milhar: 1.476. Ver também cachaça. Orixá correspondente: Exú.
BECO — Tem quase sempre mau significado, principalmente quando se trata de um beco sem saída, indicando dificuldades, atraso na vida, doença. Contudo, quando a pessoa, depois de atravessar um beco, se vê num descampado, à luz do sol, o sonho é favorável, singificando superação das dificuldades e vitória sobre os obstáculos. No primeiro caso: Grupos: 9, 15. Dezenas: 47, 88. Centenas: 177, 788. Milhar: 7.784. No segundo caso: Grupos: 13, 14, 17. Dezenas: 23, 43, 82, 92. Centenas: 325, 438, 838, 983. Milhar: 8.285. Orixá correspondente: Xangô.
BEGÔNIA — Atraso na vida. Grupo: 6. Dezenas: 32, 56; Centenas: 921, 938. Milhar: 3.805. Orixá correspondente: Ossaiyn.
BEIJO — Beijar o chão: humilhação, desgostos profundos. Beijar a mão de um bispo: grande lucro nos negócios. Beijar a mão de um padre: lucro nos negócios. Beijar a mão de uma pessoa qualquer: êxito moderado nos negócios. Beijar alguém na boca: sorte no amor. Beijar uma pessoa morta: mau agouro. Beijar pessoa que está morta na realidade, mas aparece viva no sonho: transtorno na vida. Grupos: 10, 13, 24. Dezenas: 27, 36, 41, 90. Centenas: 011, 321, 482, 915. Milhar: 2.272. Orixá correspondente: Oxún.
BEIJU — Sonhar que se está comendo beiju é anúncio favorável, principalmente quando se trata de moça solteira: indica amores correspondidos, com possibilidade de casamento. Grupo: 18. Dezenas: 70, 86, 95. Centenas: 324, 753, 890. Milhar: 0.082. Orixá correspondente: Omolú.
BELCHIOR — Estar fazendo compras num belchior: prenúncio de dificuldades futuras. Estar dentro de um belchior, mas sem fazer compras: as dificuldades que terá de enfrentar serão de pouca monta. Grupos: 8, 18, 20. Dezenas: 29, 45, 63. Centenas: 129, 429. 628. Milhar: 1.329. Orixá correspondente: Exú.
BELZEBU — Ver diabo.
BÊNÇÃO — Dar a bênção a alguém: traição por parte de uma pessoa de sua confiança. Receber a bênção: notícia desagradável de pessoa ausente. Receber a bênção de um sacerdote: morte de parente ou pessoa amiga. Grupos: 1, 5, 12, 16. Dezenas: 03, 17, 21, 35. Centenas: 190, 238, 335, 417. Milhar: 9.391. Orixá correspondente: Xangô.
BENEFÍCIO — Ver ajudar.
BENGALA — Ver uma bengala: aborrecimento. Usar uma bengala: perigo

iminente. Grupos: 4, 6, 17, 21. Dezenas: 37, 48, 52, 66. Centenas: 103, 243, 387, 418. Milhar: 7.913. Orixá correspondente: Omolú.

BENTINHO — Ver escapulário.

BENZER — Sonhar que se está benzendo uma pessoa: perigo de doença para essa pessoa. Sonhar que se está benzendo um animal: ameaça de prejuízo nos negócios. Sonhar que se está sendo benzido: ameaça à saúde. Grupos: 6, 7, 20. Dezenas: 23, 46, 52, 62, 72. Centenas: 323, 423, 526, 826. Milhar: 3.023. Orixá correspondente: Obaluayê.

BERÇO — Ver um berço: para pessoas solteiras, casamento; para pessoas casadas, nascimento de um filho. Balançar um berço: dificuldades, se o berço tem uma criança; se o berço está vazio, mau agouro. Ver-se num berço sendo, na realidade, pessoa adulta: sonho muito desfavorável, indicando ameaça de loucura na família. Grupos: 3, 7, 13, 22. Dezenas: 41, 50, 62, 75. Centenas: 117, 204, 392. Milhar: 7.642. Orixá correspondente: Oxún.

BERRO — Ouvir berros de bode ou cabrito, sem ver o animal: ameaça de complicação amorosa. Ver bode. Orixá correspondente: Oxún.

BESOURO — Os sonhos com besouro são favoráveis, indicando probabilidade de bons negócios ou promoção no emprego. Se a pessoa, porém, é mordida no sonho por um besouro, a significação é diferente, indicando dificuldades passageiras. Grupos: 4, 24. Dezenas: 11, 34, 56. Centenas: 104, 326, 826, 893. Milhar: 4.365. Orixá correspondente: Oxún.

BETUME — Complicações, geralmente amorosas, mas podendo ser também de origem financeira. Se a pessoa sonha que está com a mão suja de betume deverá ter muito cuidado com o que fizer durante os sete dias seguintes, a fim de não se meter em complicações. Grupos: 9, 14, 23. Dezenas: 32, 62, 73, 82. Centenas: 143, 734, 802, 881, 925. Milhar: 8.825. Orixá correspondente: Exú.

BEXIGA — Encher uma bexiga de ar: viagem próxima. Grupos: 18, 21, 25. Dezenas: 69, 71, 83, 98. Centenas: 118, 321, 469, 871. Milhar: 3.231. Ver varíola. Orixá correspondente: Omolú.

BEZERRO — Muita sorte nos negócios e, principalmente, no jogo. Grupos: 22, 24, 25. Dezenas: 18, 28, 37, 57. Centenas: 136, 377, 478, 901. Milhar: 8.472. Orixá correspondente: Exú.

BIBELÔ — Comprar bibelôs: viagem próxima. Carregar bibelôs: notícia favorável. Quebrar bibelôs: transtorno na vida. Grupos: 4, 6, 7. Dezenas: 15, 28, 54. Centenas: 116, 227, 928. Milhar: 1.482. Orixá correspondente: Oxún.

BÍBLIA — Ver uma Bíblia, simplesmente: mudança de posição social. Ler a Bíblia: notícias inesperadas, dentro de algum tempo. Comprar uma Bíblia: conciliação na família. Grupos: 3, 8, 11. Dezenas: 32, 53, 57, 65, 68. Centenas: 325, 463, 528, 765. Milhar: 3.076. Orixá correspondente:

Oxalá.
BICADA — Levar bicada de uma ave: cuidado com falsos amigos. Ver aves. Orixá correspondente: Oxún.
BICHO — Ver animal, aves, etc. Orixá correspondente: Exú.
BICICLETA — Andar de bicicleta: se for dentro de uma cidade, mudança de residência; se for fora da cidade, viagem próxima. Grupos: 3, 8, 10, 11. Dezenas: 24, 35, 76, 77, 81. Orixás correspondentes: Ogún e Exú.
BICO — Pegar no bico de uma ave: tentativa malograda de conciliação. Pegar no bico de um bule, chaleira, etc.: dificuldades nos negócios, que serão, contudo, vencidas. Grupos: 1, 2. Dezenas: 12, 43, 65, 78. Centenas: 101, 201, 476, 765. Milhar: 2.201. Orixá correspondente: Oxalá.
BIGODE — Ver um homem de bigode: alegria inesperada. Ver uma mulher de bigode: reviravolta na vida. Sonhar que se tem bigode, quando não se tem na realidade: novos amores. Sonhar que se tem bigode, quando é uma mulher que sonha: intrigas de falsas amigas. Grupos: 5, 17. Dezenas: 32, 43, 58, 59. Centenas: 143, 253, 473, 872. Milhar: 3.486. Orixá correspondente: Ogún.
BILHA — Ver moringa. Orixá correspondente: Oxalá.
BIRRA — Ver uma criança fazendo birra: aumento da família. Grupos: 5, 17. Dezenas: 19, 23, 45, 63. Centenas: 120, 321, 765. Milhar: 1.220. Orixá correspondente: Omolú.
BISPO — Ver sacerdote. Orixá correspondente: Exú.
BLUSA — Vestir uma blusa: amor correspondido. Despir uma blusa: desejo satisfeito. Comprar uma blusa: viagem próxima. Grupos: 4, 19. Dezenas: 12, 46, 76, 82. Centenas: 123, 319, 419. Milhar: 3.210. Orixá correspondente: Exú.
BOA-NOITE — Dar boa-noite a alguém: mau agouro. Grupos: 8, 9, 23. Dezenas: 34, 42, 55, 68, 92. Centenas: 321, 346, 765, 974. Milhar: 4.486. Orixá correspondente: Ogun.
BOAS-FESTAS — Dar boas-festas: reviravolta na vida. Receber boas-festas: promoção no emprego. Grupos: 2, 4, 7. Dezenas: 07, 08, 15, 46, 76. Centenas: 020, 108, 324, 763. Milhar: 3.007. Orixá correspondente: Oxalá.
BOBO — Conversar com um bobo: dificuldades momentâneas na vida. Ver um bobo da corte, vestido a caráter: rumo inesperado na vida. Ver um bobo ser ridicularizado ou maltratado: sérias dificuldades na vida, principalmente se a própria pessoa que sonha também o ridiculariza ou maltrata. Grupos: 3, 8, 20. Dezenas: 03, 10, 35, 58, 69. Centenas: 023, 329, 430, 762. Milhar: 0.345. Orixá correspondente: Exú.
BOCA — Ver uma pessoa sem boca: ameaça de loucura em pessoa da família. Ver um animal sem boca: aborrecimentos na família. Para palpites, ver monstro, no primeiro caso, e animal, no segundo. Orixá corres-

pondente: Exú.
BÓCIO — Ver papo. Orixá correspondente: Omolú.
BODA — Ver casamento. Orixá correspondente: Oxún.
BODE — Ver um ou mais de um bode: desavenças na família, tanto mais graves quanto maior for o número de bodes. Ser perseguido por um bode: fracasso nos amores, infidelidade conjulgal. Estar montado num bode: escândalo. Grupo: 6, e suas dezenas. Centenas: 021, 324, 432, 522. Milhar: 1.824. Ver também berro. Orixá correspondente: Exú.
BOFETADA — Dar uma bofetada em alguém: felicidade doméstica. Receber uma bofetada: azar no jogo, durante certa de três dias. Grupos: 2, 4, 7, 13. Dezenas: 15, 22, 48, 73. Centenas: 280, 342, 506, 780. Milhar: 2.644. Orixá correspondente: Exú.
BOI — Ver um ou mais de um boi: prosperidade, tanto maior quanto maior for o número de bois, se os bois forem gordos; se forem magros: dificuldades sem grande importância. Ser perseguido por um boi: ameaças, evitáveis se tiver cuidado. Estar montado num boi, fracasso amoroso, infidelidade conjulgal. Grupos: 22, 25 e suas dezenas. Centenas: 100, 288. Milhar: 1.900. Orixá correspondente: Xangô.
BÓIA — Ver uma bóia flutuando no mar: novos amores. Ver uma bóia flutuando num lago: viagem inesperada. Ver uma bóia flutuando num rio: reviravolta na vida. Estar agarrado a uma bóia: satisfação de um desejo. Grupos: 5, 15. Dezenas: 02, 19, 20. Centenas: 019, 320, 659. Milhar: 2.308. Ver alimentos. Orixás correspondentes: Exú e Oxún.
BOIADEIRO — Conversar com um boiadeiro: sorte no jogo. Sonhar que se é boiadeiro, sem o ser: viagem inesperada. Para palpites, ver boi. Orixá correspondente: Exú.
BOLA — Jogar bola com outras pessoas: êxito nos empreendimentos. Jogar bola sozinho: mérito reconhecido. Ser atingido por uma bola: acautele-se com sua saúde. Furar uma bola ou ter uma bola furada na mão: ameaça de enfermidade mental. (Nos sonhos desse gênero, tem muita importância a cor da bola. Ver cores). Grupos: 1, 2, 3. Dezenas: 01, 04, 06, 12. Centenas: 004, 006, 604. Milhar: 0.005. Orixá correspondente: Ogún.
BOLACHA — Comer bolacha: dificuldades inesperadas, dentro de poucos dias. Oferecer bolachas a alguém: desavença com essa pessoa. Comprar bolachas: desgosto com parente próximo. Grupos: 5, 6, 7. Dezenas: 20, 34, 56, 72. Centenas: 019, 056, 784. Milhar: 3.286. Orixá correspondente: Oxún.
BOLO — Fazer um bolo: lucro em negócio. Comê-lo: boa notícia. Grupos: 5, 16, 23. Dezenas: 23, 56, 76. Centenas: 415, 814. Milhar: 1.476. Orixá correspondente: Oxún.
BOLSA — Cheia: perda de emprego. Vazia: sorte no jogo, durante três

dias. Perder uma bolsa: viagem próxima. Achar uma bolsa: progresso econômico. Grupos: 4, 8, 11. Dezenas: 20, 29, 45, 68. Centenas: 220, 318, 877. Milhar: 1.112. Orixá correspondente: Xangô.
BOLSO — Enfiar a mão no bolso: dificuldades financeiras. Sentir alguém enfiar a mão em seu bolso: cuidado com falsos amigos. Ver outra pessoa enfiar a mão no bolso: aborrecimentos sem grande importância. Grupos: 5, 8, 19. Dezenas: 02, 34, 65, 85. Centenas: 034, 076, 654, 728. Milhar: 4.305. Orixá correspondente: Exú.
BOMBA — Assistir à explosão de uma bomba: desastre eminente. Jogar uma bomba: briga com parente ou conhecido. Grupos: 1, 3, 7, 16. Dezenas: 01, 44, 52, 83. Centenas: 190, 215, 324, 856. Milhar: 9.780. Orixá correspondente: Exú.
BOMBARDEIO — Achar-se numa cidade que está sendo submetida a bombardeio: dificuldades futuras, que serão, porém, superadas. Para palpites, ver bomba. Orixá correspondente: Exú.
BOMBEIRO — Ber bombeiros apagando um incêndio: dificuldades financeiras. Ver um bombeiro cair dentro das chamas: maquinações de inimigos ocultos. Sonhar que é bombeiro sem o ser na realidade: as dificuldades que está enfrentando serão superadas. Grupos: 2, 5, 17. Dezenas: 06, 08, 42, 73. Centenas: 030, 106, 305, 476, 752. Milhar: 1.043. Ver um bombeiro soldando um encanamento: mudança de residência. Ver um bombeiro desentupir uma pia: intriga desmascarada. Grupos: 1, 19. Dezenas: 04, 56, 78. Centenas: 206, 345, 763. Milhar: 0.036. Orixá correspondente: Xangô.
BONDE — Ver passar um bonde: indica que se vai rever uma pessoa que há muito tempo não se vê. Viajar de bonde: notícia agradável. (A pessoa que viaja ao nosso lado de bonde é muito importante para a interpretação do sonho, pois, provavelmente, estará ligada à notícia agradável que se vai receber). Grupos: 8, 11, 23. Dezenas: 31, 43, 65, 72. Centenas: 030, 304, 743. Milhar: 3.947. Orixás correspondentes: Exú e Ogún.
BONÉ — Ter um boné na cabeça: satisfação de um desejo oculto. Ver outra pessoa com boné na cabeça: desfecho satisfatório de uma dificuldade. (A cor do boné deve ser também levada em conta nos sonhos desse gênero. Ver cor). Grupos: 1, 17. Dezenas: 03, 54, 58, 62. Centenas: 034, 406, 487, 623. Milhar: 4.052. Orixá correspondente: Exú.
BONECA — Comprar uma boneca: parto feliz, se for mulher casada; casamento próximo, se for mulher solteira; decepção amorosa, se for homem. Carregar uma boneca: chegada inesperada de uma pessoa querida, que se encontra ausente. Grupos: 6, 8, 10, 25. Dezenas: 54, 61, 87, 99. Centenas: 112, 324, 507, 600. Milhar: 7.419. Orixá correspondente: Oxún.
BONINA — Sonhar com bonina é sempre satisfatório, principalmente para os namorados, pois indica reconciliação, felicidade no amor. (A cor da bo-

nina tem muita importância para a interpretação dos sonhos. Ver cor).
Ver flor. Orixá correspondente: Oxún.

BORBOLETA — Ver uma borboleta voando: separação de amantes por motivo de viagem. Ver uma borboleta pousada: sorte no jogo, durante três dias. Matar uma borboleta: azar no jogo, durante cerca de três dias. Grupo: 4 e suas respectivas dezenas e centenas. Milhar preferível: 2.016. Orixá correspondente: Oxóssi.

BORDAR — Estar bordando um vestido qualquer: se quem sonha é mulher, amor correspondido; se quem sonha é homem: maquinações de inimigos. Estar bordando um vestido de noiva: se quem sonha é mulher, casamento feliz; se quem sonha é homem, graves aborrecimentos, dentro de poucos meses. Grupos: 1, 4, 19. Dezenas: 03, 12, 46, 65, 72. Centenas: 032, 321, 654, 663. Milhar: 3.487. Orixá correspondente: Nanã.

BORRA — Borra de café significa promoção no emprego. Borra de vinho significa calúnias, das quais se sairá triunfante. Nesse último caso, grupos: 5, 18, 20. Dezenas: 19, 20, 45, 64, 83. Centenas: 019, 020, 453, 764, 869. Milhar: 2.463. Para borra de café, ver café. Orixá correspondente: Ogun.

BORRACHA — Limpar tinta ou lápis com borracha: reviravolta na vida. Grupos: 1, 16, 17. Dezneas: 03, 08, 13, 47, 68, 78. Centenas: 043, 237, 436, 865. Milhar: 2.035. Para bola de borracha, ver bola. Orixá correspondente: Exú.

BOTÃO — Ver botões brilhantes: felicidade, tanto mais intensa quanto maior for o número de botões. Ver botões embaçados ou sujos: desgostos, tanto mais profundos quanto maior for o número de botões. Abotoar uma roupa: noivado próximo. Grupos: 7, 14, 23. Dezenas: 12, 48, 86. Centenas: 175, 477, 577. Milhar: 1.086. Orixá correspondente: Yemanjá.

BOTEQUIM — Sonhar que se está bebendo num botequim: desgosto na família. Estar num botequim, sem beber: desavenças na família, sem grande importância. Grupos: 1, 5, 18. Dezenas: 23, 46, 78, 90. Centenas: 013, 146, 236, 782. Milhar: 7.465. Orixá correspondente: Exú.

BRAÇO — Perder um braço: decepção amorosa muito séria. Ver uma pessoa com mais de dois braços: sorte no jogo, principalmente na loteria. Estar com os braços amarrados: grandes dificuldades financeiras. Grupos: 3, 5, 15, 18. Dezenas: 17, 47, 87, 88. Centenas: 174, 486, 576, 685. Milhar: 3. 757. Orixá correspondente: Ogún.

BRECHA — Sonhar que se tem uma brecha na cabeça sem se ter na realidade: traição de falso amigo. Grupo: 23. Dezenas: 76, 87, 97. Centenas: 235, 474, 587. Milhar: 2.376. Orixá correspondente: Exú.

BREU — Sonho sempre desfavorável: dificuldades, com doenças em pessoa da família e outros aborrecimentos. Grupos: 1, 18, 23. Dezenas: 03, 04,

15, 65, 68. Centenas: 104, 256, 737, 831. Milhar: 0.104. Orixá correspondente: Omolú.

BRINCAR — Sonhar que se é ainda criança e que se está brincando: alegria, relacionada com a pessoa ou pessoas com a qual ou com as quais se está brincando. Sonhar que se está brincando depois de adulto: regresso inesperado de pessoa ausente. Grupos: 5, 13, 14, 17. Dezenas: 05, 18, 36, 55, 56, 88. Centenas: 005, 056, 553, 601, 636, 781, 882, 904. Milhar: 0.348. Orixá correspondente: Ibeji (criança).

BROA — Estar comendo broa: grandes fidiculdades financeiras. Ganhar uma broa: maquinações de inimigos. Oferecer uma broa a alguém: desavença inesperada. Grupos: 3, 11, 13. Dezenas: 12, 44, 50, 68, 87. Centenas 342, 476, 488, 598, 660, 682, 893. Milhar: 4.397. Orixá correspondente: Yemanjá.

BRONZE — Assistir à fundição de uma estátua de bronze, ou nela pegar: vitória sobre inimigos, porém somente após árduas lutas. Grupos: 12, 16. Dezenas: 45, 48, 63, 88. Centenas: 045, 148, 363. Milhar: 1.363. Ver também sino. Orixá correspondente: Exú.

BROTO — Ver irromper um broto numa árvore ou numa planta qualquer: seus desejos serão alcançados. Grupos: 4, 19. Dezenas: 15, 34, 56, 76, 79. Centenas: 132, 435, 476, 783. Milhar: 1.376. Orixá correspondente: Ogún.

BRUXA — É um sonho sempre de mau agouro. Grupos: 1, 3, 24. Dezenas: 13, 17, 77, 96. Centenas: 136, 157, 234, 704, 717. Milhar: 1.476. Orixá correspondente: Nanã.

BURACO — Estar abrindo um buraco: luta contra maquinações de inimigos. Estar dentro de um buraco, sem poder sair: ameaça de loucura em pessoa da família. Ver outra pessoa abrindo um buraco: é sinal de que se deve tomar cuidado com intrigas e maquinações ocultas. Grupos: 1, 9. Dezenas: 04, 35, 47, 89. Centenas: 123, 204, 303, 435. Milhar: 3.004. Orixá correspondente: Xangô.

BURRO — Ver um burro correndo: infortúnio próximo. Ver um burro parado: aborrecimentos no trabalho. Ouvir um burro zurrar: ser vítima de calúnia. Grupo: 3, e respectivas dezenas e centenas. Milhar preferível: 1.011. Orixá correspondente: Ogún.

C

CABAÇA — Carregar uma cabaça vazia: dificuldades durante os meses seguintes. Carregar uma cabaça cheia de água ou de outro líquido: dificuldades sérias durante os meses seguintes. Ver uma cabaça pendurada: más notícias, dentro de algumas semanas. Grupos: 3, 5, 18. Dezenas: 11, 18, 45, 76, 86, 91. Centenas: 111, 518, 700, 817, 943. Milhar: 8.911. Orixá correspondente: Oxalá.

CABANA — Avistar uma cabana: tranqüilidade de espírito. Entrar numa cabana: ser correspondido nos afetos. Construir uma cabana: progresso. Grupos: 3, 11, 17. Dezenas: 22, 43, 56, 76. Centenas: 047, 136, 477, 861. Milhar: 2.386. Orixá correspondente: Oxún.

CABEÇA — Ver uma cabeça decepada: libertação de uma ligação que nos aborrece. Ver uma pessoa com cabeça excessivamente pequena: perigo de loucura na família. Cortar a cabeça de uma pessoa: superar uma dificuldade. Cortar a cabeça de um animal: prosperidade. Grupos: 5, 9, 20. Dezenas: 10, 22, 37, 49. Centenas: 137, 273, 376, 476. Milhar: 1.375. Orixá correspondente: Oxalá.

CABELO — Ver uma pessoa de grande cabeleira: ameaça de loucura. Cortar o cabelo de alguém: humilhação. Estar alguém cortando nosso cabelo: traição de amigo ou parente. Cortar o próprio cabelo: sonho de muito mau agouro. Grupos: 6, 7, 13. Dezenas: 25, 32, 37, 44. Centenas: 216, 439, 727, 836. Milhar: 9.255. Orixá correspondente: Yemanjá.

CABOCLO — Sonhar com pessoa cabocla é favorável: indica sorte no jogo e nos negócios, se a pessoa é do sexo masculino, e sorte nos amores, se é do sexo feminino. Grupos: 4, 15, 24. Dezenas: 04, 15, 16, 59, 78. Centenas: 004, 016, 235, 687, 938. Milhar: 1.324. Ver também índio. Orixá correspondente: Oxóssi.

CABRESTO — Segurar um cabresto: melhoria de posição na vida. Colocar o cabresto num animal: promoção no emprego. Ver outra pessoa segurando um cabresto: atraso na vida, principalmente se a pessoa é do sexo oposto. Grupos: 3, 8, 11. Dezenas: 09, 10, 32, 43, 44. Centenas: 008, 310, 432, 644. Milhar: 0.943. Orixá correspondente: Ogún.

CAÇADA — Tomar parte numa caçada: desgostos de família. Grupos: 3, 6, 11. Dezenas: 19, 36, 48. Centenas: 136, 374, 484. Milhar: 1.275. Orixá correspondente: Oxóssi.

CACETE — Tem significação diferente de bengala. Indica ameaça de violência, se o cacete está em nossas mãos, ou maquinações ocultas, se está em mão de outra pessoa. Ver, simplesmente, um cacete, encostado a uma parede, ou em outro lugar, significa perigo remoto de violência, que pode ser evitado, desde que saibamos agir com prudência. Grupos: 1, 8, 16, 21. Dezenas: 02, 20, 37, 48, 73, 85, 91. Centenas: 326, 427, 782, 826, 902. Milhar: 3.003. Orixá correspondente: Exú.

CACHAÇA — Beber cachaça: sorte nos amores. Entornar cachaça: perda de um amigo. Grupos: 17, 20, 23. Dezenas: 04, 21, 33, 79, 85. Centenas: 137, 140, 364, 476. Milhar: 1.929. Orixá correspondente: Exú.

CACHIMBO — Ver alguém fumando cachimbo: morte inesperada dessa pessoa. Estar fumando cachimbo: viagem inesperada. Grupos: 5, 7, 20. Dezenas: 27, 37, 42, 52, 66. Centenas: 127, 376, 472, 813. Milhar: 0.276. Orixá correspondente: Xangô.

CACHORRO — Ver uma briga de cães: aborrecimentos na família. Ser mordido por um cão: prejuízo. Ouvir o latido de um cão, sem vê-lo: separação de uma pessoa querida. Ver um cão fazendo festa: sorte no jogo, principalmente se a festa for para nós. Grupo: 5, e respectivas dezenas e centenas. Milhar preferível: 0.319. Orixá correspondente: Ogún.

CACIFEIRO — Sonhar que se é cacifeiro num jogo: briga com parentes ou amigos. Grupos: 5, 17. Dezenas: 18, 20, 66, 87, 98. Centenas: 318, 465, 798, 801. Milhar: 3.017. Orixá correspondente: Exú.

CACIMBA — Encontrar-se uma cacimba seca: séria decepção amorosa dentro de algum tempo. Encontrar uma cacimba com água salobre: traição de pessoa em quem se depositava confiança. Encontrar uma cacimba com água: intriga na família, que será esclarecida, dentro de algum tempo. Grupos: 9, 13. Dezenas: 35, 50, 66, 78. Centenas: 134, 308, 434, 812. Milhar: 3.435. Orixá correspondente: Oxún.

CACO — Sonhar com caco de louça ou de vidro significa atraso na vida e dificuldades monetárias. Grupos: 13, 17. Dezenas: 46, 74, 88. Centenas: 253, 546, 734. Milhar: 3.254. Orixá correspondente: Exú.

CACTO — Ver cactos: ciladas opostas por inimigos; tanto mais sérias quanto maior for o número de cactos, porém que serão superadas dentro de algum tempo. Espetar-se num cacto: previna-se contra falsos amigos. Grupos: 1, 2, 9, 22. Dezenas: 02, 06, 35, 87. Centenas: 103, 104, 804,

988. Milhar: 6.988. Orixá correspondente: Exú.

CADARÇO — Sonho de mau agouro, principalmente quando se trata de cadarço preto. Grupos: 9, 23. Dezenas: 13, 47, 88, 97. Centenas: 243, 487, 587. Milhar: 0.473. Orixá correspondente: Ogún.

CADEIA -- Ver uma cadeia de longe:, viagem, mudança de terra. Ver uma cadeia de perto: separação de um ente querido. Estar preso: doença grave. Estar entrando na cadeia: dificuldades financeiras. Estar saindo da cadeia: superação de dificuldades financeiras. Grupos: 7, 16, 20, 22. Dezenas: 23, 32, 45, 89. Centenas: 126, 237, 386, 821. Milhar: 0.236. Orixá correspondente: Exú.

CADEIRA — Significação, de um modo geral, de estabilidade na vida. Ver cadeiras vazias, contudo, principalmente se forem muitas, indica necessidade de se precaver contra surpresas desagradáveis. Grupos: 1, 13, 14, 19. Dezenas: 34, 50, 62, 66, 84. Centenas: 032, 365, 753, 975. Milhar: 4.864. Orixá correspondente: Ogún.

CADERNO — Folhear um caderno: novos amores. Escrever num caderno: reviravolta na vida. Rasgar um caderno: rompimento com pessoa a quem se está intimamente ligado. Grupos: 4, 7, 15, 21. Dezenas: 04, 43, 65, 67, 69, 76, 86, 95. Centenas: 005, 037, 547, 864, 974. Milhar: 2.075. Orixá correspondente: Xangô.

CADUCAR — Ver uma pessoa caducando: se é pessoa conhecida, ameaça de doença; se é pessoa desconhecida, ameaça de prejuízo. Sonhar que nós próprios estamos caducando: mau agouro. Grupos: 3, 4, 23. Dezenas: 03, 12, 37, 89. Centenas: 137, 322, 432, 826. Milhar: 3.736. Orixá correspondente: Nanã.

CAFÉ — Ver café em grão ou torrado: prosperidade. Coar ou torrar café: sorte no jogo, durante três dias. Grupos: 3, 11, 17, 21. Dezenas: 23, 86, 89. Centenas: 127, 374, 827. Milhar: 1.286. Orixá correspondente: Exú.

CAFUNÉ — Fazer cafuné em outra pessoa: se a outra pessoa é criança, progresso na vida; se a outra pessoa é adulta, atraso na vida. Sonhar que outra pessoa nos está fazendo cafuné: mudança para outra terra. Grupos: 13, 14, 19, 20. Dezenas: 49, 52, 53, 75, 79. Centenas: 048, 152, 356, 379, 821. Milhar: 1.078. Orixás correspondentes: Ogún e Omolú.

CAIAR — Encontrar-se numa casa que está sendo caiada: grande reviravolta na vida. Ver uma casa que está sendo caiada, porém do lado de fora: viagem inesperada. Ajudar a caiação de uma casa: surpresa com pessoa conhecida. Grupos: 1, 9, 16. Dezenas: 32, 53, 76, 89. Centenas: 032, 321, 460, 603. Milhar: 0.476. Orixá correspondente: Exú.

CAIBRO — Sonhar que se está pregando um caibro: cuidado com a ameaça que paira sobre o seu lar. Grupo: 8. Dezenas: 29, 32, 46, 70. Centenas: 029, 332, 890, 912. Milhar: 4.332. Orixás correspondentes: Ogún e Exú.

CAIXA — Uma caixa vazia: dificuldade nos amores. Comprar ou ganhar uma caixa, principalmente se estiver cheia: se for homem, sucesso no amor: se for mulher, satisfação de um desejo oculto. Ver várias caixas empilhadas: satisfação de um desejo, tanto mais completamente quanto maior for o número de caixas. Grupos: 4, 10, 19. Dezenas: 13, 42, 53, 57. Centenas: 127, 386, 765, 901. Milhar: 1.376. Orixá correspondente: Omolú.

CAJÁ — Sonho desfavorável: pesa uma ameaça sobre quem sonha, provavelmente relacionada com o seu estado de saúde. Se no sonho se come a fruta, essa ameaça é mais eminente. Grupos: 13, 19, 20. Dezenas: 50, 52, 77, 79, 98. Centenas: 003, 052, 465, 764, 863. Milhar: 8.836. Orixá correspondente: Omolú.

CAJÚ — Apanhar cajú: lucro nos negócios, tanto maior quanto maior for o número de cajus colhidos. Ver cajus no pé ou fora do pé: sorte no jogo, durante tantos dias quanto for o número de cajus que se viu. Grupos: 7, 11, 18. Dezenas: 39, 46, 93. Centenas: 137, 486, 852, 926. Milhar: 1.069. Orixá correspondente: Ossaiyn.

CAL — Ver cal: doença grave. Ver-se metido no meio da cal: mau agouro. Grupos: 6, 10, 24. Dezenas: 16, 27, 57. Centenas: 127, 863, 874, 904. Milhar: 0.207. Orixá correspondente: Oxalá.

CALAFRIO — Ter um calafrio: doença grave em pessoa da família. Grupos: 1, 8, 17. Dezenas: 02, 28, 36, 47, 89, 94. Centenas: 003, 032, 148, 263, 726, 826. Milhar: 1.413. Orixá correspondente: Ogún.

CALÇA — Ver alguém tirando a calça: traição de amigos. Estar sem calça no meio da rua: temores infundados. Grupos: 4, 8, 12. Dezenas: 15, 32, 48. Centenas: 137, 218, 351. Milhar: 1.720. Orixá correspondente: Exú.

CALÇÃO — Ver alguém andando de calção no meio da rua: se for homem, notícia imprevista e desfavorável; se for mulher, notícia imprevista e favorável. Grupos: 1, 19. Dezenas: 32, 73, 75, 83, 94, 98. Centenas: 001, 002, 301, 302, 473, 765, 875. Milhar: 0.301. Orixá correspondente: Ogún.

CÁLCULO — Fazer um cálculo: prosperidade, mas somente à custa de grandes esforços. Ver outra pessoa fazendo cálculos: cuidado com o rumo que vão tomando seus negócios. Grupos: 2, 16, 23. Dezenas: 08, 16, 63, 68, 86. Centenas: 137, 234, 837, 864. Milhar: 3.286. Orixá correspondente: Exú.

CALDEIRA — Ver uma caldeira soltando vapor: viagem prolongada, tanto mais prolongada quanto maior for a quantidade de vapor desprendida pela caldeira. Grupos: 8, 12. Dezenas: 34, 56, 65, 72, 82, 98. Centenas: 030, 304, 373, 837. Milhar: 1.034. Orixá correspondente: Omolú.

CALO — Sentir dor num calo: previna-se contra falsos amigos. Cortar um calo: superação de dificuldades financeiras. Ver outra pessoa cortando um calo: alguém lhe está preparando uma cilada. Grupos: 7, 16, 17. Dezenas: 25, 35, 53, 62, 75. Centenas: 136, 236, 376, 764, 864, 963. Milhar: 1.038. Orixá correspondente: Exú.

CALOR — Sentir calor: dificuldades nos meses seguintes, mais provavelmente de origem financeira, mas que também podem ser motivadas por questões de família. Ouvir outra pessoa queixar-se do calor, sem o estar sentindo: doença em pessoa da família. Grupos: 1, 9, 14, 21. Dezenas: 36, 53, 75, 86, 97. Centenas: 033, 277, 307, 736, 763, 821. Milhar: 3.476. Orixá correspondente: Omolú.

CALVÍCIE — Ver um homem calvo: prejuízo financeiro. Ver uma mulher calva: reviravolta na vida. Grupos: 1, 8. Dezenas: 21, 35, 73, 87. Centenas: 235, 465, 782, 881. Milhar: 3.043. Orixá correspondente: Xangô.

CAMA — Ver uma cama vazia: infelicidade no amor. Ver uma cama com alguém deitado: satisfação de um desejo, relacionado com a pessoa que está deitada. Estar deitado numa cama: doença. Grupos: 2, 5, 7. Dezenas: 03, 15, 27. Centenas: 042, 285, 838. Milhar: 9.263. Orixás correspondentes: Oxún e Xangô.

CAMARÃO — Sonho de mau agouro. Grupos: 9, 15. Dezenas: 16, 20, 48. Centenas: 021, 106, 377. Milhar: 9.304. Orixá correspondente: Yemanjá.

CAMBALEAR — Estar cambaleando: infidelidade conjugal. Ver outra pessoa cambalear: um amigo precisa de sua proteção. Grupos: 13, 17, 23. Dezenas: 36, 45, 64, 86, 92. Centenas: 136, 376, 864, 987. Milhar: 3.987. Orixá correspondente: Exú.

CAMBALHOTA — Sonhar que se está dando cambalhotas: completa e inesperada reviravolta na vida. Ver outra pessoa dando cambalhotas: se a pessoa for criança, aumento de família; se a pessoa for adulta: inesperadas complicações no seio da família. Grupos: 4, 14, 17. Dezenas: 15, 54, 65, 73, 86. Centenas: 138, 363, 433, 454, 748, 777, 851, 914. Milhar: 1.342. Ver animais dando cambalhotas: surpresa em seu relacionamento com colegas de trabalho. Ver animal. Orixá correspondente: Exú.

CAMBISTA — Estar comprando bilhetes ou entradas de cambista, ou simplesmente conversando com ele: azar no jogo durante uma semana, pelo menos. Grupo: 17, Dezenas: 48, 57, 65. Centenas: 313, 383, 463, 733. Milhar: 0.473. Orixá correspondente: Exú.

CAMÉLIA — Receber uma camélia: surpresa no amor. Oferecer uma camélia: novos amores. Desfolhar uma camélia: separação. Grupos: 1, 19, 20. Dezenas: 34, 45, 62, 72, 88, 92. Centenas: 138, 322, 432, 835. Milhar: 1.865. Orixá correspondente: Oxún.

CAMELO — Ver um camelo: notícia de pessoa ausente. Montar num camelo: promoção no emprego. Ver um camelo morto: ameaça de traição. Grupo: 8 e respectivas dezenas e centenas. Milhar preferível: 2.429. Orixá correspondente: Ogún.

CAMINHÃO — Tem significado diferente de carro. Andar de caminhão

35

por uma estrada: mudança de emprego. Andar de caminhão dentro de uma cidade: dificuldades financeiras, que serão, porém, superadas. Ver um caminhão parado: abra os olhos com os falsos amigos. Grupos: 8, 12, 17. Dezenas: 47, 57, 68, 82, 88. Centenas: 148, 373, 736, 778. Milhar: 7.327. Orixás correspondentes: Omolú e Ogún.

CAMISA — Vestir uma camisa nova e limpa: prosperidade. Vestir uma camisa velha ou suja: dificuldades. Estar em fraldas de camisa em plena rua: temores infundados. Grupos: 5, 14, 20. Dezenas: 03, 31, 53, 83. Centenas: 284, 408, 452, 756. Milhar: 1.275. Orixá correspondente: Exú.

CAMPAINHA — Ouvir o som de uma campanhia: regresso de pessoa ausente. Grupos: 1, 8, 21. Dezenas: 18, 38, 58, 97. Centenas: 174, 286, 485, 910. Milhar: 3.164. Orixá correspondente: Ossaiyn.

CAMPO — Avistar, ao longe, grandes campos cobertos de verdura: tranqüilidade de espírito, depois de sérias preocupações. Caminhar pelo campo sem destino: seu ideal será alcançado, porém somente após muita luta. Grupos: 1, 16, 24. Dezenas: 03, 43, 60, 62, 94, 95. Centenas: 134, 832, 962, 994. Milhar: 9.994. Orixá correspondente: Oxóssi.

CANA — Estar chupando cana: triunfo no exercício de sua profissão. Ver alguém chupando cana: aborrecimentos provocados pela rivalidade de outra pessoa, no exercício de sua profissão. Descascar cana: será necessário muito esforço para vencer. Ver outra pessoa descascando cana: contará com ajuda para vencer as suas dificuldades. Ver montes de canas empilhadas: decepção. Grupos: 8, 9. 12. Dezenas: 43, 54, 76, 85, 98. Centenas: 135, 342, 486, 836, 838. Milhar: 4.005. Orixá correspondente: Exú.

CANÇÃO — Ouvir-se uma canção sem se ver o cantor: notícia favorável e inesperada. Ouvir alguém cantando: surpresa relacionada com a pessoa que canta. Grupo: 13. Dezenas: 49, 50, 52. Centenas: 249, 349, 852, 951, 952. Milhar: 8.952. Orixá correspondente: Yemanjá.

CANELA — Sonho favorável: será satisfeito um desejo acalentado quase sem esperanças. Grupos: 1, 6, 7, 19. Dezenas: 33, 43, 52, 75, 81. Centenas: 043, 338, 426, 736, 828. Milhar: 4.298. Orixá correspondente: Omolú.

CANETA — Oferecer uma caneta a alguém: sucesso nos amores. Receber uma caneta de alguém: amor correspondido. Perder uma caneta: rompimento. Guardar uma caneta no bolso: doença sem gravidade. Grupos: 9, 12. Dezenas: 34, 35, 56, 58, 76, 89, 91, 95. Centenas: 009, 045, 164, 238, 667, 676, 880. Milhar: 1.909. Orixá correspondente: Xangô.

CÂNFORA — Sentir cheiro de cângora: afeto correspondido. Pegar em cânfora: reconciliação. Grupos: 2, 4, 14. Dezenas: 08, 09, 43, 73, 76, 88, 91. Centenas: 393, 573. Milhar: 0.209. Orixá correspondente: Logun- Edé.

CANHÃO — Ver um canhão: intrigas e perseguições. Ouvir tiros de canhão:

desavenças em família, tanto mais graves quanto maior for o número de tiros. Grupos: 4, 7, 11. Dezenas: 22, 47. Centenas: 011, 220, 600. Milhar: 3.506. Orixá correspondente: Exú.

CANHOTO — Sonhar que se é canhoto sem o ser: afeto não correspondido. Ver uma pessoa usar a mão esquerda, no sonho, sem ser canhota na realidade: afeto correspondido. Ver uma pessoa que, na realidade é canhota, usar a mão direita no sonho: mesma significação do anterior. Grupos: 13, 16, 17. Dezenas: 48, 51, 63, 67, 78, 91. Centenas: 249, 351, 678, 778. Milhar: 2.378. Orixá correspondente: Oxumarê.

CANIBALISMO — Assistir a cenas de canibalismo: gravíssimas desavenças na família. Grupos: 16, 22. Dezenas: 61, 63, 85, 86, 88. Centenas: 061, 486, 761, 963. Milhar: 0.088. Orixás correspondentes: Omolú e Obaluayê.

CANO — Ver um cano de água arrebentado: desgosto inesperado. Estar desentupindo um cano: sérias preocupações financeiras. Grupos: 9, 15. Dezenas: 03, 48, 57, 63, 75. Centenas: 034, 356, 557, 768. Milhar: 8.723. Orixá correspondente: Exú.

CANTONEIRA — Mudança no rumo de vida. Grupos: 7, 19. Dezenas: 27, 75, 81, 92. Centenas: 027, 375, 476, 892. Milhar: 1.075. Orixá correspondente: Omolú.

CANUDO — Beber-se um líquido qualquer por um canudo: êxito no amor ou nos negócios, mas apenas depois de bastante esforço. Quebrar um canudo: rompimento com amigo. Grupos: 9, 12. Dezenas: 04, 48, 76, 84, 96. Centenas: 004, 076, 164, 238, 737. Milhar: 9.065. Orixá correspondente: Oxún.

CAOLHO — Sonhar com pessoa caolha é mau: significa atraso na vida por algum tempo. Grupos: 1, 15. Dezenas: 57, 58, 63, 73, 83. Centenas: 002, 057, 437, 458, 657. Milhar: 1.386. Orixá correspondente: Oxalá.

CAPA — Ver pessoa desconhecida envolta numa capa preta: aborrecimentos no seio da família. Ver pessoa conhecida envolta numa capa preta: desavenças, envolvendo essa pessoa. Estar envolto numa capa preta: possibilidade de alcançar seus desejos. (Quando se trata de capa de cor que não seja a preta, os sonhos devem ser interpretados levando em conta a cor. Ver cores). Grupos: 2, 4, 5, 23. Dezenas: 47, 86, 95, 98. Centenas: 324, 536, 736. Milhar: 2.387. Orixá correspondente: Omolú.

CAPACETE — Ter na cabeça um capacete de aço: grandes e árduas lutas para a conquista de posição social, que serão, afinal, coroadas de êxito. Ver outra pessoa com capacete de aço: cuidado com as maquinações de inimigos. Grupos: 2, 16. Dezenas: 07, 08, 63, 77, 81. Centenas: 007, 107, 234, 307, 663. Milhar: 2.662. Orixás correspondentes: Exú e Ogún.

CAPIM — Ver um animal comendo capim: doença sem gravidade. Ver uma pessoa comendo capim: ameaça de doença mental em pessoa da família. Estar a própria pessoa comendo capim: ameaça no mesmo sentido com a própria pessoa. Estar cortando capim: desavenças na família. Grupos: 3, 10, 11. Dezenas: 09, 12, 37, 39, 42, 44. Centenas: 011, 012, 344, 509, 637, 912. Milhar: 5.912. Orixá correspondente: Exú.

CAPINAR — Estar capinando um terreno: dificuldades de ordem material. Ver outras pessoas capinar um terreno: dificuldades de ordem moral. Grupos: 9, 10. Dezenas: 32, 43, 53, 73. Centenas: 133, 465, 836, 887. Milhar: 3.148. Orixá correspondente: Omolú.

CAPIVARA — Ver uma capivara: sorte no jogo. Matar uma capivara: azar no jogo. Grupos: 12, 18. Dezenas: 56, 69, 70, 81. Centenas: 156, 512, 770, 771, 869, 881. Milhar: 3.469. Orixá correspondente: Ossaiyn.

CARACOL — Dificuldades que serão superadas após persistentes esforços. Grupos: 4, 9, 12. Dezenas: 07, 46, 53, 64. Centenas: 342, 483, 733, 835. Milhar: 1.452. Orixá correspondente: Oxalá.

CARAMANCHÃO — Estar dentro de um caramanchão sozinho: separação. Estar dentro do caramanchão em companhia de outra pessoa: amor correspondido. Estar num caramanchão em companhia de mais de uma pessoa: complicações amorosas. Se o caramanchão estiver florido, o sonho é mais favorável. Grupos: 10, 19. Dezenas: 39, 75, 76, 92. Centenas: 038, 339, 674, 837. Milhar: 3.469. Orixá correspondente: Omolú.

CARANGUEJO — Ver um caranguejo andando: atraso na vida, pelo menos durante algum tempo. Ver caranguejos parados, mas vivos: maquinações de inimigos. Ver caranguejos mortos: intrigas de inimigos, que serão desmascarados em breve. Grupos: 1, 9, 15. Dezenas: 35, 65, 74, 82, 85, 91. Centenas: 035, 305, 483. Milhar: 0.305. Orixá correspondente: Omolú.

CARAPINHA — Sonhar que se tem o cabelo encarapinhado sem o ter na realidade: satisfação de um desejo amoroso. Ver em sonho, com cabelo encarapinhado uma pessoa que não o tem na realidade: desgosto amoroso. Grupos: 1, 4, 5, 17. Dezenas: 15, 16, 18, 66, 98. Centenas: 015, 316, 415, 966. Milhar: 8.975. Orixá correspondente: Exú.

CARAPUÇA — Estar com carapuça: infelicidade doméstica. Ver alguém de carapuça: desavenças com parentes. (Se a carapuça for de cor escura, o sonho é ainda mais desfavorável). Grupos: 4, 13, 20. Dezenas: 09, 48, 52, 85, 93. Centenas: 310, 411, 609, 735. Milhar: 3.009. Orixá correspondente: Ogún.

CARAVANA — Ver passar uma caravana: bom presságio; viagens felizes, êxito nos negócios, etc. Estar viajando numa caravana: mudança de vida, para melhor. Grupos: 5, 8, 11. Dezenas: 18, 19, 20, 29, 30, 43, 44. Centenas: 019, 420, 529, 844, 901, 919. Milhar: 4.859. Orixá correspondente: Ogún.

CARAVELA — Avistar-se uma caravela: modificação no rumo de vida. Estar dentro de uma caravela: completa modificação do rumo de vida. Ver barco. Orixá correspondente: Yemanjá.

CARCAÇA — Ver-se a carcaça de um animal: notícia desagradável, principalmente se houver urubus comendo a carniça, caso em que a notícia será tanto mais desagradável quanto maior for o número de urubus. Grupos: 1, 15, 18. Dezenas: 57, 73, 87, 90. Centenas: 034, 436, 635, 739, 881. Milhar: 2.380. Orixá correspondente: Exú.

CÁRCERE — Ver cadeia. Orixá correspondente: Omolú.

CARDEAL — Ver sacerdote. Orixá correspondente: Logun-Edé.

CARDO — Mesma significação de cacto. Orixá correspondente: Exú.

CARDUME — Ver peixe. Orixá correspondente: Yemanjá.

CARECA — Ver calvície. Orixá correspondente: Exú.

CARETA — Fazer careta: desavenças na família. Ver alguém fazendo careta: melhoria de vida. Grupos: 1, 17, 21. Dezenas: 15, 38, 86, 89. Centenas: 127, 286, 308. Milhar: 2.038. Orixá correspondente: Exú.

CARICATURA — Ver a caricatura de alguém: ameaça de intriga envolvendo essa pessoa. Ver a própria caricatura: ameaça de doença grave. Estar fazendo uma caricatura: rompimento com pessoa amiga. Grupos: 10, 17, 20. Dezenas: 38, 40, 77, 80, 83. Centenas: 103, 110, 638, 880, 938. Milhar: 0.938. Orixá correspondente: Exú.

CARIJÓ — Sonhar com galinha ou galo carijó indica aproximação de dias agitados, com alternativas de êxitos e fracassos. Ver galo. Orixá correspondente: Oxóssi.

CARIMBO — Sonho de um modo geral favorável, indicando a possibilidade de lucros nos negócios ou sorte no jogo. É de muita importância, porém, na interpretação do sonho, a cor da tinta do carimbo. (ver cor). Grupos: 2, 4, 23. Dezenas: 82, 99. Centenas: 374, 473, 836. Milhar: 1.165. Orixá correspondente: Ogún.

CARNAVAL — Assistir a folguedos carnavalescos: noivado próximo. Tomar parte nas festas carnavalescas: melhoria de situação financeira. Grupos: 10, 13, 24, 25. Dezenas: 28, 39, 79. Centenas: 039, 148, 386, 387. Milhar: 1.289. Orixá correspondente: Exú.

CARNE — Ver carne crua: doença grave. Comer carne: decepção amorosa. Grupos: 10, 12, 13, 24, 25. Dezenas: 12, 30, 38, 98. Centenas: 128, 386, 476, 868. Milhar: 1.376. Orixás correspondentes: Exú e Ogún.

CARNEGÃO — Tirar o carnegão de um tumor: ameaça vencida. Grupos: 4, 5, 16, 18. Dezenas: 00, 08, 16, 43, 83, 88. Centenas: 138, 383, 482, 572, 727, 838. Milhar: 1.286. Orixá correspondente: Omolú.

CARNEIRO — Ver um ou mais de um carneiro: prosperidade, tanto maior quanto maior for o rebanho. Matar um carneiro ou ver alguém matando:

doença grave na família. Grupo: 7, e respectivas dezenas e centenas. Milhar preferível: 0.225. Orixá correspondente: Xangô.

CAROÇO — Sonhar que se está engolindo o caroço de uma fruta: dificuldades financeiras. Grupos: 1, 3, 25. Dezenas: 11, 46, 73, 97, 98. Centenas: 101, 353, 465, 697, 899. Milhar: 3.468. Orixá correspondente: Omolú.

CARPINTEIRO — Ver um carpinteiro trabalhar: prosperidade moderada nos negócios. Ser carpinteiro no sonho, sem o ser na realidade: grande prosperidade nos negócios. Grupos: 3, 17, 21. Dezenas: 08, 09, 43, 54, 55, 82, 83. Centenas: 321, 411, 682, 812, 981. Milhar: 7.083. Orixá correspondente: Ogún.

CARRAPATO — Sonho favorável: sinal de prosperidade, pelo menos durante algum tempo. Grupos: 4, 11, 24. Dezenas: 32, 46, 73, 83, 92. Centenas: 125, 321, 678, 937. Milhar: 3.486. Orixás correspondentes: Exú e Obaluayê.

CARRAPICHO — Ligação amorosa. Grupos: 3, 4, 15. Dezenas: 12, 46, 83, 98. Centenas: 148, 263, 462, 876. Milhar: 0.504. Orixá correspondente: Omolú.

CARRASCO — Ver um carrasco: doença grave na família. Ver um carrasco executar alguém: ameaça de morte para a própria pessoa ou alguém de sua família. Ser carrasco no sonho: mau agouro. Grupos: 2, 15, 23. Dezenas: 08, 33. 44, 63, 67, 77. Centenas: 148, 363, 638, 937. Milhar: 8.877. Orixá correspondente: Exú.

CARREGAR — Ver carregar um caminhão ou outro veículo: separação. Ajudar a carregar um caminhão ou outro veículo: mudança de residência, após grandes aborrecimentos. Ver uma pessoa sendo carregada: doença grave na família. Carregar uma pessoa: perigo de vida para a pessoa que está sendo carregada, se for conhecida, ou para algum parente próximo, se for desconhecida. Grupos: 5, 11, 12, 21. Dezenas: 43, 56, 73, 81, 92. Centenas: 156, 383, 444. 781. Milhar: 1.343. Orixás correspondentes: Omolú e Exú.

CARRETEL — Estar enrolando um carretel de linha: intrigas arquitetadas por falsos amigos. Segurar ou apenas ver um carretel de linha: más intenções a seu respeito de pessoa que considera amiga. Grupos: 1, 19. Dezenas: 03, 34, 89, 94. Centenas: 003, 303, 476. Milhar: 0.303. Orixá correspondente: Ossaiyn.

CARRO — Ver um carro andando: prosperidade. Ver um carro parado: dificuldades financeiras. Andar de carro: mudança de estado civil. Grupos: 8, 11, 24. Dezenas: 02, 14, 38, 86. Centenas: 028, 286, 487, 783. Milhar: 9.636. Orixá correspondente: Ogún.

CARROSSEL — Ver um carrossel girando: amores contrariados. Estar girando um carrossel: traição amorosa. Grupos: 1, 12, 17. Dezenas: 36, 52, 63.

Centenas: 349, 853, 909. Milhar: 0.537, 0.781. Orixá correspondente: Yemanjá.

CARTA — Receber uma carta: preocupações sérias. Escrever uma carta: regresso de pessoa ausente. Rasgar uma carta: reconciliação. Grupos: 1, 2, 12. Dezenas: 28, 38, 49, 90. Centenas: 127, 287, 842, 901, 946. Milhar: 0.385. Orixá correspondente: Omolú.

CARTAZ — Notícia inesperada dentro de muito pouco tempo. (Na interpretação dos sonhos em que se vêem cartazes, é de grande importância levar em conta as palavras que se acham escritas no cartaz, e a cor do cartaz e das letras.) Grupos: 1, 8, 12, 19, 20. Dezenas: 30, 31, 47, 78. Centenas: 230, 378, 429, 531. Milhar: 4.028. Orixá correspondente: Ogún.

CARTEIRA — Encontrar uma carteira: dificuldades financeiras. Perder uma carteira: complicações na família. Grupos: 3, 7, 17. Dezenas: 03, 12, 85, 89. Centenas: 127, 286, 382, 864. Milhar: 9.275. Orixá correspondente: Exú.

CARTEIRO — Ver um carteiro distribuindo correspondência: notícias desagradáveis dentro de pouco tempo. Ver um carteiro sem distribuir a correspondência: maquinações de inimigos ocultos. Para o mais, ver carta. Orixá correspondente: Oxóssi.

CARTOLA — Ver alguém de cartola: amor correspondido. Estar a própria pessoa de cartola: as preocupações sentimentais que está atravessando serão solucionadas dentro em pouco. Grupos: 3, 12, 21. Dezenas: 03, 12, 38. Centenas: 147, 287, 821. Milhar: 0.208. Orixá correspondente: Xangô.

CARTOMANTE — Sonhar que se está consultando a cartomante: tudo que a cartomante disser no sonho deve ser interpretado ao contrário. Sonhar que se é cartomante: ameaça de enfermidade grave na família, possivelmente mental. Grupos: 2, 13, 14, 19. Dezenas: 07, 51, 56, 73, 75. Centenas: 051, 278, 407. Milhar: 2.375. Orixá correspondente: Exú.

CARUNCHO — Instrusos provocarão aborrecimentos em seu lar. Grupos: 13, 17. Dezenas: 32, 42, 64, 82. Centenas: 483, 658, 720. Milhar: 3.476. Orixá correspondente: Obaluayê.

CARVALHO — Os sonhos com carvalho têm, em geral, uma significação particularmente propícia, indicando estabilidade financeira e social, e tranquilidade na vida conjugal e familiar. V. árvore. Orixá correspondente: Oxóssi.

CARVÃO — Em geral, é sonho favorável, principalmente para as mulheres. Grupos: 4, 16, 25. Dezenas: 09, 24, 36, 60. Centenas: 190, 278, 300, 416. Milhar: 7.473. Orixá correspondente: Exú.

CASA — Construir uma casa: melhoria de situação financeira. Comprar uma casa: superação de dificuldades. Ver uma casa em ruínas: ameaça por parte de inimigos ocultos. Grupos: 6, 10, 13, 20. Dezenas: 24, 42, 67, 75. Centenas: 180, 235, 307, 808. Milhar: 5.465. Orixá correspondente: Xangô.

CASACA — De um modo geral, a significação dos sonhos relacionados com casaca é igual à dos sonhos com cartola. Orixá correspondente: Exú.
CASAMENTO — Casar-se com uma pessoa desconhecida: decepção amorosa. Casar com uma pessoa conhecida: desavença na família. Casar com uma pessoa aleijada: profunda decepção amorosa. Casar com uma pessoa de cor diferente: reconciliação com a pessoa amada. Assistir a um casamento: oposição da família à nossa inclinação amorosa. Grupos: 3, 5, 8, 21, 25. Dezenas: 12, 38, 86, 92, 96. Centenas: 127, 386, 487, 548, 608, 857, 902. Milhar: 8.366. Orixá correspondente: Yemanjá.
CASCA — Sonhar que se está descascando fruta, queijo, etc.: rompimento com pessoa amiga. Comer casca de fruta: casamento ou noivado próximo. Comer casca de queijo: dificuldades financeiras, transitórias. Grupos: 1, 15. Dezenas: 23, 45, 73, 89. Centenas: 030, 430, 473, 635. Milhar: 1.001. Orixá correspondente: Omolú.
CASCALHO — Estar caminhando sobre cascalho: triunfo num empreendimento, após lutas árduas. Avistar montes de cascalho: as apreensões atuais serão dissipadas. Grupos: 4, 5, 8. Dezenas: 15, 18, 30. Centenas: 320, 615. Milhar: 3.715. Orixá correspondente: Ogún.
CASCAVEL — Ouvir o chocalho de uma cascavel, sem ver a cobra: não se fie nas palavras de falsos amigos. Para o mais, ver cobra. Orixá correspondente: Oxumarê.
CASPA — Indica dinheiro. Grupos: 16, 18. Dezenas: 35, 56, 58, 89. Centenas: 243, 358, 556. Milhar: 2.342. Orixá correspondente: Ogún.
CASQUETE — Em geral, a significação é a mesma de chapéu. Orixá correspondente: Exú.
CASSETETE — Mesma significação de bengala. Orixá correspondente: Oxalá.
CASSINO — Estar num cassino, jogando: desavença na família ou com sócios comerciais. Estar num cassino, sapeando o jogo dos outros: ameaça de escândalo. Ver um cassino do lado de fora, mas não entrar: superação de dificuldades financeiras. Grupos: 3, 8, 17. Dezenas: 12, 33, 40, 88. Centenas: 004, 104, 231. Milhar: 1.385. Orixá correspondente: Exú.
CASTANHA — Comer castanha: notícia favorável, dentro de poucos meses. Cozinhar castanhas: solução de uma antiga pendência. Ver outra pessoa cozinhar ou comer castanha: receios infundados. Grupos: 8, 19, 20. Dezenas: 29, 74, 76, 79. Centenas: 279, 578, 774. Milhar: 3.573. Orixá correspondente: Oxalá.
CASTANHOLA — Ouvir o som de castanholas sem vê-las: notícia inesperada de pessoa querida. Ver alguém tocando castanholas: satisfação de um desejo, geralmente relacionado com a pessoa que está tocando castanhola. Tocar castanholas: dificuldades futuras, mas superáveis. Grupos: 4, 11, 21. Dezenas: 34, 38, 43, 44, 80, 83. Centenas: 203, 238, 443, 844, 980. Milhar: 0.444. Orixá correspondente: Pomba-Gira.
CASTELO — Avistar um castelo: sinal de que somos correspondidos no

amor. Entrar num castelo: satisfação de um ideal amoroso. Morar num castelo: grande felicidade nos amores. Grupos: 11, 19, 23. Dezenas: 03, 32, 38, 46, 81, Centenas: 038, 386, 826, 928, 936. Milhar: 1.285. Orixá correspondente: Xangô.-
CASTIÇAL — Ver um castiçal sem vela: herança. Ver um castiçal com uma vela apagada: morte de parente. Para o mais, ver vela. Orixá correspondente:Oxalá.
CASTIGO — Ver um pai castigando um filho (de qualquer sexo): cuidado com as maquinações de inimigos. Ver uma mãe castigando um filho: séria ameaça à sua integridade física. Se é a própria pessoa que está castigando uma criança qualquer: ameaça à sua liberdade de locomoção. Estar sendo castigado por alguém, como se ainda fosse criança: ameaça de morte. Grupos: 5, 13, 14. Dezenas: 17, 34, 56, 87, 88. Centenas: 067, 217, 436, 574. Milhar: 0.017. Orixás correspondentes: Exú e Ogún.
CATALEPSIA — Sonhar que nos encontramos em estado cataléptico indica sérias desavenças em família. Se, durante o sonho, saímos do estado de catalepsia, tais desavenças não durarão muito tempo. Se, porém, continuamos em estado cataléptico, durante todo o sonho, as desavenças durarão muito tempo e poderão, mesmo, acarretar o desmoronamento do lar. Grupos: 6, 7, 11, 24. Dezenas: 07, 13, 18, 46, 54, 57. Centenas: 138, 831, 901. Milhar: 1.483. Orixá correspondente: Obaluayê.
CATAPLASMA — Indica dificuldades financeiras, não muito duradouras, porém. Grupos: 1, 4. Dezenas: 04, 15, 84, 98. Centenas: 003, 034, 273, 548,-893. Milhar: 1.482. Orixá correspondente: Omolú.
CATARRO — Indica dinheiro. Grupos: 5, 14, 18. Dezenas: 18, 23, 48, 75. Centenas: 302, 465, 762, 801. Milhar: 3.005. Orixá correspondente: Obaluayê.
CATA-VENTO — Avistar um cata-vento: mudança no rumo de vida. Grupos: 2, 4, 19. Dezenas: 07, 13, 15, 76. Centenas: 326, 507, 607, 715. Milhar: 2.315. Orixá correspondente: Xangô.
CAUDA — Ver gente com cauda:l séria desavença em família. Termos cauda nós próprios: perda de emprego ou posição social. Grupos: 19, 21. Dezenas: 32, 47, 76. Centenas: 236, 364, 463. Milhar: 1.810. Puxarmos um animal pela cauda: perigo iminente. Ver animal. Orixá correspondente: Exú.
CAVALO — Sonho em geral favorável, principalmente quando o cavalo é branco. Grupo: 11 e respectivas dezenas e centenas. Milhar preferível: 0.344. Orixás correspondentes: Ogún e Xangô.
CAVAR — Cavarmos a terra: doença. Ver outras pessoas cavando a terra: doença na família. Grupos: 3, 8, 22, 23. Dezenas: 08, 23, 48, 52, 75. Centenas: 128, 383, 827, 882, 903. Milhar: 1.383. Orixá correspondente: Exú.
CAVEIRA — Ver uma ou mais de uma caveira: triunfo sobre inimigos. Ver a própria caveira refletida num espelho: completa reviravolta na vida.

43

Ver a própria caveira num raio X: dificuldades passageiras. Grupos: 9, 13, 18. Dezenas: 20, 36, 48, 51. Centenas: 028, 286, 863, 974. Milhar: 1.180. Orixá correspondente: Obaluayê.
CAVERNA — Entrar numa caverna: azar no jogo. Ver de longe uma caverna: sorte no jogo, durante cerca de três dias. Estar preso dentro de uma caverna: noivado desfeito. Grupos: 3, 9, 14. Dezenas: 12, 28, 85, 86. Centenas: 128, 287, 386, 765. Milhar: 7.138. Orixá correspondente: Omolú.
CAXUMBA — Estar com caxumba: viagem próxima. Ver alguém de caxumba: mudança de casa. Grupos: 9, 12, 14. Dezenas: 33, 35, 75, 81. Centenas: 230, 433, 581. Milhar: 1.036. Orixá correspondente: Omolú.
CEBOLA — Cheirar ou sentir cheiro de cebola: rompimento de relações amorosas. Plantar ou colher cebolas: sorte no jogo. Ver cebolas sem sentir o cheiro: aborrecimentos sem grande importância. Grupos: 4, 15, 17, 21. Dezenas: 13, 38, 64, 72, 79. Centenas: 138, 837, 911. Milhar: 9.277. Orixá correspondente: Exú.
CEGO — Ver um cego: viagem próxima. Estarmos cegos: traição. Grupos: 2, 7, 18, 23. Dezenas: 15, 38, 46, 58, 62. Centenas: 127, 286, 487, 843. Milhar: 8.275. Orixá correspondente: Oxalá.
CEMITÉRIO — Avistar um cemitério de longe: prosperidade. Estar dentro de um cemitério: doença grave em pessoa da família. Assistir-se a um enterro: aumento da família. Grupos: 2, 9, 22. Dezenas: 13, 38, 85, 88. Centenas: -028,- 386, 476. Milhar: 1.386. Orixá correspondente: Omolú.
CENTAURO — Notícia inesperada, envolvendo pessoa íntima. Grupo: 11, e respectivas dezenas e centenas. Milhar preferível: 3.043. Orixá correspondente: Yemanjá.
CENTELHA — Avistar centelhas: perigo de desastre em viagem. Grupos: 1, 9, 13, 17. Dezenas: 38, 48, 51, 62, 75. Centenas: 283, 383, 738, 792, 820. Milhar: 8.286. Orixá correspondente: Exú.
CERA — Prosperidade, tanto maior quanto mais escura for a cera. Grupos: 2, 5. Dezenas: 05, 20, 79. Centenas: 105, 312, 590. Milhar: 6.563. Orixá correspondente Ogún.
CERCA — Assistir à construção de uma cerca: pequenas dificuldades. Construir uma cerca: dificuldades superadas. Pular uma cerca: completa reviravolta na vida. Grupos: 1, 13, 19. Dezenas: 04, 49, 53, 65. Centenas: 103, 245, 473, 836. Milhar: 0.204. Orixá correspondente: Oxóssi.
CERTIDÃO — Tirar uma certidão: ameaça de pendência judicial. Rasgar uma certidão: viagem inesperada e lucrativa. Grupos: 1, 14, 20. Dezenas: 32, 43, 73, 81. Centenas: 030, 453, 731, 800. Milhar: 3.006. Orixá correspondente: Xangô.
CÉU — Ver o céu estrelado: felicidade. Ver o céu nublado: aborrecimentos de certa importância e duração. Ver o céu como que em chamas: completa reviravolta na vida. Grupos: 2, 4, 12. Dezenas: 01, 31, 54, 63, 67. Centenas: 345, 487, 731, 854. Milhar: 1.278. Orixá correspondente: Oxalá.
CEVADA — Prosperidade, principalmente se a cevada ainda se encontra

no pé. Grupos: 4, 7, 11, 25. Dezenas: 26, 30, 49, 58, 99. Centenas: 129, 308, 400, 563, 654. Milhar: 1.009. Orixá correspondente: Ogún.

CHÁ — Fazer chá: aumento na família. Beber chá: desavença na família. Grupos: 2, 4, 8. Dezenas: 38, 48, 97. Centenas: 127, 485, 827. Milhar: 1.883. Orixá correspondente: Ossaiyn.

CHACAL — Ameaça oculta, se o chacal estiver vivo; vitória sobre inimigos e falsos amigos, se o chacal estiver morto. Grupos: 5, 22, 23. Dezenas: 17, 18, 86, 88, 91. Milhar: 0.318. Orixá correspondente: Exú.

CHALEIRA — Colocar uma chaleita no fogo: segredo desvendado. Tirar uma chaleira do fogo: desavença no lar. Grupos: 14, 19, 20. Dezenas: 55,. 75, 77, 80. Milhar: 4.378. Orixá correspondente: Ogún.

CHAMINÉ — Ver uma chaminé fumegando: prosperidade. Ver uma chaminé sem fumaça: mudança de residência. Grupos: 7, 13, 14. Dezenas: 18, 38, 48, 72. Centenas: 127, 128, 386, 400. Milhar: 1.370. Orixá correspondente: Xangô.

CHANTAGEM — Ser vítima de chantagem ou tentativa de chantagem: êxito nos negócios. Grupos: 2, 5, 18. Dezenas: 07, 18, 20, 69, 71. Centenas: 007, 469, 507, 820, 871, 906. Milhar: 3.069. Orixá correspondente: Exú.

CHAPADA — Encontrar-se numa chapada: prosperidade. Grupos: 1, 11. Dezenas: 02, 43, 76, 87, 96. Centenas: 003, 043, 801, 944. Milhar: 0.043. Orixá correspondente: Omolú.

CHAPÉU — Em geral, significa casamento. Se é novo e bonito: bom casamento. Se é feio e velho: mau casâmento. Grupos: 3, 7, 12, 21. Dezenas: 03, 08, 13, 38. Centenas: 147, 287, 382, 821. Milhar: 0.201. Orixá correspondente: Xangô.

CHARADA — Complicações de vida nos meses seguintes, que serão porém, vencidas sem grande dificuldade. Grupos: 2, 4, 5, 12. Dezenas: 07, 14, 16, 55, 58. Centenas: 016, 357, 616, 757, 908. Milhar: 3.907. Orixá correspondente: Exú.

CHARUTO — Fumar um charuto: promoção no emprego. Apagar um charuto: perda de emprego. Ver alguém fumando charuto: intrigas. Grupos: 8, 18, 24. Dezenas: 18, 28, 35, 48. Centenas: 186, 227, 448, 732. Milhar: 1.836. Orixá correspondente: Xangô.

CHAVE — Ver uma chave: traição ou infidelidade conjugal. Perder uma chave: traição por parte de um amigo íntimo. Encontrar uma chave: breve revelação de um segredo desagradável. Grupos: 1, 9, 19. Dezenas: 23, 45, 52. Centenas: 137, 482, 825. 902. Milhar: 1.902. Orixá correspondente: Xangô.

CHEFE — Sonhar que se é chefe de uma empresa, repartição, etc., sem o ser na realidade: intrigas e maquinações de falsos amigos. Grupos: 5, 8, 23.

Dezenas: 18, 29, 31, 88, 92. Centenas: 017, 089, 617, 888. Milhar: 3.017. Orixá correspondente: Omolú.
CHEGAR — Estarmos chegando a uma cidade: notícia inesperada. Grupos: 11, 12, 24. Dezenas: 37, 65, 74, 82, 85. Centenas: 037, 836, 910, 934. Milhar: 1.485. Orixá correspondente: Ogún.
CHEQUE — Emitir um cheque: dificuldades financeiras. Receber um cheque: maquinações de inimigos. Descontar um cheque: prejuízo nos negócios. Rasgar um cheque: graves dificuldades financeiras, que serão superadas, porém. Grupos: 2, 5, 16, 17. Dezenas: 37, 45, 63, 66, 72, 81. Centenas: 032, 437, 733, 773, 881, 902, 991. Milhar: 1.480. Orixá correspondente: Xangô.
CHICOTE — Chicotear um animal: doença de certa gravidade. Chicotear uma pessoa: demandas judiciais. Ser chicoteado: desavenças na família. Grupos: 3, 11, 22. Dezenas: 32, 34, 58, 65, 73. Centenas: 038, 286, 382, 404. Milhar: 1.026. Orixá correspondente: Exú.
CHINELO — Calçar um chinelo velho: desavenças conjugais. Calçar um chinelo novo: casamento próximo. Perder um chinelo: sorte no jogo. Grupos: 2, 6, 17. Dezenas: 02, 31, 40, 52. Centenas: 008, 266, 322, 404. Milhar: 1.026, Orixás correspondentes: Ogún e Exú.
CHINÊS — Ver um chinês: sorte no jogo. Conversar com um chinês: muita sorte no jogo, com possibilidade de ganhar a sorte grande na loteria. Grupos: 4, 8, 19. Dezenas: 14, 16, 30, 73, 76. Centenas: 029, 314, 630, 729, 813. Milhar: 8.029. Orixá correspondente: Xangô.
CHITA — Amores correspondidos. Grupos: 2, 4, 19, 24. Dezenas: 05 15, 75, 95. Centenas: 235, 475, 895. Milhar: 1.005. Orixás correspondentes: Ogún e Xangô.
CHOCAR — Ver uma galinha chocando é sonho favorável, indicando prosperidade nos negócios e tranqüilidade no lar. Deve ser levada em conta, contudo, na interpretação do sonho, a cor da galinha. Ver galo. Ver outra ave qualquer chocando, também é favorável, com exceção das aves de rapina, anum, bacurau, etc. V. ave. Orixá correspondente: Yemanjá.
CHOCOLATE — Indica ameaça à saúde, evitável, porém, tendo-se cautela. Ver alimento e beber. Orixá correspondente: Ossaiyn.
CHORO — Estar chorando: reconciliação. Ver alguém chorando: notícias desagradáveis. Grupos: 7, 19, 20. Dezenas: 32, 42, 47, 85. Centenas: 032, 128, 428, 458. Milhar: 0.293. Orixá correspondente: Omolú.
CHUCHU — Significa sempre abundância e prosperidade. Grupos: 1, 10, 13, 15. Dezenas: 03, 14, 34, 45, 63, 67, 69. Centenas: 129, 343, 345, 769, 909. Milhar: 1.386. Orixá correspondente: Omolú.
CHUMBO — Sonhar com chumbo ou objetos de chumbo tem sempre significado desfavorável. Grupos: 1, 12, 23. Dezenas: 02, 90, 91. Cente-

nas: 390, 603, 791, 802, 991. Milhar: 4.092. Orixá correspondente: Oxalá.
CHUPETA — Aumento de prole. Grupo: 14. Dezenas: 55, 56. Centenas: 055, 354, 814, 953. Milhar: 1.953. Orixá correspondente: Oxumarê.
CHUVA — Estar desabrigado sob a chuva: se for mulher, casamento ou noivado próximo; se for homem: sorte nos negócios. Caminhar sob a chuva, com guarda-chuva: casamento adiado. Ver outras pessoas tomando chuva: desilução amorosa. Grupos: 9, 15, 25. Dezenas: 03, 13, 83, 91. Centenas: 217, 382, 848. Milhar: 8.376. Orixá correspondente: Oxalá.
CICATRIZ — Desilução amorosa. Grupos: 1, 5, 16. Dezenas: 03, 18, 73, 86, 94. Centenas: 002, 362, 463, 803, 902. Milhar: 3.003. Orixá correspondente: Omolú.
CIGANA — Sonhar com cigana ou cigano indica que se deve ter cautela com maquinações de falsos amigos. Se a cigana estiver lendo nossa mão, devemos interpretar ao contrário tudo quanto ela nos disser. Para palpites, ver cartomante. Orixás correspondentes: Exú e Pomba-Gira.
CINEMA — Estar assistindo a cinema: mudança de estado civil. Grupos: 1, 7, 21. Dezenas: 14, 41, 62, 79. Centenas: 228, 535, 638, 727. Milhar: 8.363. Orixá correspondente: Exú.
CINZA — Morte de pessoa conhecida. Estar com a cabeça coberta de cinza: mau agouro. Grupos: 1, 8, 21. Dezenas: 03, 30, 31, 81, 83. Centenas: 183, 231, 431, 830, 880, 984. Milhar: 3.530, Orixá correspondente: Omolú.
CIPÓ — Dificuldades nos negócios ou complicações sentimentais. Grupos: 9, 12. Dezenas: 35, 46, 47, 98. Centenas: 046, 335, 745, 891. Milhar: 3.335. Orixá correspondente: Ogún.
CIRCO — Estar assistindo a um espetáculo de circo: viagem inesperada. Grupos: 5, 11, 14. Dezenas: 35, 46, 76, 81, 95. Centenas: 303, 373, 736, 837. Milhar: 4.486. Ver também palhaço. Orixá correspondente: Exú.
CISCO — Significa dinheiro. Grupos: 1, 13, 17. Dezenas: 04, 50, 52, 87. Centenas: 004, 363, 532, 903. Milhar: 0.404. Orixás correspondentes: Ogún e Omolú.
CIÚME — Estar com ciúme: ameaça de doença grave. Ser vítima de ciúme: ameaça de enfermidade mental. Grupos: 19, 20, 23, 24. Dezenas: 77, 78, 80, 96. Centenas: 234, 363, 477, 580, 976. Milhar: 4.377. Orixá correspondente: Exú.
CLANDESTINO — Sonhar que se está viajando clandestinamente num navio, avião, etc.: ameaça de revelação de um segredo, que poderá acarretar sérios aborrecimentos. Grupos: 2, 5, 6, 16. Dezenas: 42, 43, 64, 73, 86, 92. Centenas: 138, 438, 538, 652, 836, 906. Milhar: 3.836. Orixá correspondente: Exú.
CLARABÓIA — Estar olhando por uma clarabóia: rompimento de uma relação clandestina. Ver alguém olhando por uma clarabóia: complicações

na família. Grupos: 7, 13, 17, 23. Dezenas: 23, 46, 56, 77. Centenas: 002, 796, 808. Milhar: 2.794. Orixá correspondente: Oxóssi.

CLARIM — Ouvir o som de clarim, sem ver o instrumento: notícia alvissarieira. Ouvir e ver alguém tocando clarim: êxito nos negócios ou nos amores. Ver alguém tocando clarim, sem ouvir o som: maquinações de falsos amigos. Grupos: 2, 13, 19. Dezenas: 05, 08, 50, 52, 75, 76. Centenas: 008, 075, 452, 750, 805, 853. Milhar: 3.452. Orixá correspondente: Ogún.

COBERTOR — Complicações financeiras. Grupos: 8, 10, 11, 13. Dezenas: 30, 38, 43, 52. Centenas: 052, 148, 631, 713. Milhar: 4.748. Orixá correspondentes: Oxalá e Exú.

COBRA — Ver uma cobra: ciladas de inimigos. Pegar uma cobra: desilução amorosa. Ser mordido por cobra: desavenças conjugais. Grupo: 9 e respectivas dezenas e centenas. Milhar preferível: 0.233. Orixá correspondente: Oxumarê.

COBRE — Sonho geralmente favorável, indicando êxito nos negócios. Quando o cobre está azinhavrado, porém, a significação é outra, indicando dificuldades que devem ser vencidas com muito esforço. Grupos: 1, 8, 16. Dezenas: 36, 46, 52, 83, 85, 93. Centenas: 044, 831, 836, 991. Milhar: 4.183. Orixás correspondentes: Oxún e Yansã.

COCHE — A interpretação dos sonhos em que aparecem veículos de tração animal deve ser feita com cuidado, combinando-se a interpretação de carro e cavalo, burro, etc. Orixá correspondente: Exú.

COELHO — Prosperidade. Grupo: 10 e respectivas dezenas e centenas. Milhar preferível: 1.239. Orixá correspondente: Oxóssi.

COICE — Levar um coice: atraso na vida. Ver alguém levando coice: desmascaramento de falsos amigos. Ver burro, cavalo, etc. Orixá correspondente: Ogún.

COLAR — Estar com um colar no pescoço: para as mulheres, casamento próximo; para os homens, desavenças domésticas. Perder um colar: questões de família. Achar um colar: reconciliação. Grupos: 9, 12, 15. Dezenas: 12, 26, 33, 48. Centenas: 126, 382, 827. Milhar: 4.824. Ver jóia. Orixá correspondente: Oxalá.

COLARINHO — Tem a mesma significação de colar, invertendo-se, porém, a significação para mulheres e homens, isto é, para os homens, casamento próximo; para as mulhres, desavenças domésticas. Orixá correspondente: Xangô.

COLCHÃO — Felicidade próxima. Grupos: 7, 11, 16, 20. Dezenas: 22, 43, 57, 80. Centenas: 006, 105, 421, 582. Milhar: 9.285. Orixá correspondente: Yansã.

COLCHETE — Significa dificuldades transitórias e facilmente superáveis.

Grupos: 5, 13, 17. Dezenas: 23, 46, 55, 70. Centenas: 245, 781, 936, 980. Milhar: 7.364. Orixá correspondente: Omolú.

COLEIRA — Ver um animal com coleira: calúnias de falsos amigos, que provocarão desavenças na família. Ver cachorro, etc. Orixá correspondente: Ogún.

COLETE — Vestir um colete: reviravolta na vida. Ver alguém vestindo colete: notícia inesperada. Grupos: 2, 4, 5, 16. Dezenas: 06, 18, 20, 62, 63. Centenas: 363, 420, 706, 862, 905. Milhar: 4.006. Orixá correspondente: Exú.

COLHER — Indica, em via de regra, prosperidade, êxito nos negócios. Grupos: 9, 13, 16. Dezenas: 35, 49, 57, 66. Centenas: 283, 438, 481, 582, 673. Milhar: 0.035. Orixá correspondente: Yemanjá.

COLISEU — Sonhar que se está no Coliseu: agitações políticas envolvendo a pessoa que sonha. Grupos: 16, 22, 23. Dezenas: 46, 65, 78, 89. Centenas: 031, 437, -635, 723, 836. Milhar: 1.047. Orixá correspondente: Ogún.

COLOMBINA — Decepção amorosa. Grupos: 2, 19. Dezenas: 05, 08, 74, 76. Centenas: 008, 074, 305, 376, 904. Milhar: 9.405. Orixás correspondentes: Exú e Pomba-Gira.

COMBATE — Assistir a um combate: perseguições e intrigas. Tomar parte num combate: mudança de residência. Grupos: 6, 9, 16, 22. Dezenas: 02, 82, 92, 98. Centenas: 028, 093, 462, 624, 728. Milhar: 7.284. Orixá correspondente: Ogún.

COMETA — Ver um cometa: desavenças na família, perseguições de inimigos. Grupos: 2, 7, 11, 19. Dezenas: 23, 28, 42, 82, 97. Centenas: 285, 723, 728, 831. Milhar: 7.382. Orixá correspondente: Xangô.

COMUNHÃO — Receber a sagrada comunhão: revelação de um segredo que a pessoa vem guardando. Ver outra pessoa receber a sagrada comunhão: conciliação na família. Grupos: 2, 7. Dezenas: 02, 27, 28. Centenas: 026, 027, 308, 707, 925. Milhar: 3.925. Orixá correspondente: Oxalá.

CONCERTO — Assistir a um concerto: realização de um desejo acalentado há longo tempo. Grupos: 2, 4, 5, 13. Dezenas: 36, 83, 96, 99. Centenas: 034, 534, 736, 883, 902. Milhar: 3.474. Orixás correspondentes: Oxumarê e Xangô.

CONCHA — Ver uma concha: superação de dificuldade. Pegar uma concha: afeto correspondido: Grupos: 2, 4, 13, 19. Dezenas: 13, 15, 49, 51. Centenas: 008, 049, 407, 615, 751. Milhar: 4.049. Orixá correspondente: Omolú.

CONFETE — Afeto correspondido. Grupos: 12, 16, 19, 24. Dezenas: 35, 65, 76, 82, 87. Centenas: 437, 634, 754, 826, 930. Milhar: 1.386. Orixá correspondente: Exú.

CONFISSÃO — Ouvir a confissão de alguém a um sacerdote: morte de

pessoa conhecida. Confessar-se a um sacerdote: notícia de pessoa ausente. Grupos: 1, 7, 12, 22. Dezenas: 02, 16, 18, 27, 63, 78. Centenas: 283, 372, 624, 826. Milhar: 1.275. Orixá correspondente: Oxalá.
CONGESTÃO — Ver alguém acometido de congestão: transtorno na família. Ver-se acometido de congestão: sérias desavenças na família. Grupos: 6, 7, 11, 24. Dezenas: 07, 13, 18, 46, 54, 57. Centenas: 138, 831, 901. Milhar: 1.485. Orixá correspondente: Omolú.
CONSTRUÇÃO — Participar dos trabalhos de uma construção ou apenas vê-los: dificuldades superadas. Grupos: 3, 8, 12. Dezenas: 11, 29, 32, 55, 58. Centenas: 058, 358, 429, 711, 912. Milhar: 5.912. Orixá correspondente: Xangô.
CONTINÊNCIA — Ver um militar fazer continência a um superior: prosperidade financeira. Receber continência: espetacular triunfo nos negócios. Fazer continência para outra pessoa: viagem inesperada, da qual, provavelmente, resultará melhoria de situação econômica. Grupos: 2, 3, 5, 13. Dezenas: 07, 11, 12, 19, 49. Centenas: 206, 511, 606, 948. Milhar: 7.836. Orixá correspondente: Ogún.
CONTRABANDO — Sonhos em que ocorre contrabando indicam intrigas e maquinações de inimigos ocultos ou falsos amigos, contra as quais é necessário precaver-se. Grupos: 1, 7, 15, 16. Dezenas: 02, 27, 28, 87, 91. Centenas: 132, 428, 603, 904. Milhar: 1.791. Orixá correspondente: Exú.
CONVENTO — Ver um convento de longe: viagem longa e inesperada. Estar dentro de um convento: doença prolongada. Estar entrando num convento: regresso de pessoa ausente. Grupos: 3, 8, 12, 24. Dezenas: 12, 82, 85, 92. Centenas: 725, 738, 932, 993. Milhar: 1.935. Orixá correspondente: Oxalá.
COPIAR — Estar fazendo uma cópia: êxito nos negócios. Ver outra pessoa fazer uma cópia: dificuldades que está encontrando serão superadas. Grupos: 2, 17, 23. Dezenas: 83, 88, 98, 99. Centenas: 123, 433, 742, 830. Milhar: 2.375. Orixá correspondente: Exú.
COPO — Ver um ou mais de um copo: satisfação de um desejo oculto, de maneira tanto mais completa quanto maior for o número de copos. Pegar num copo: triunfo sobre inimigos. Quebrar um copo: desilusão amorosa. Grupos: 1, 6, 9, 25. Dezenas: 03, 53, 64, 68, 72. Centenas: 127, 486, 742, 763. Milhar: 8.282. Orixá correspondente: Ogún.
COR — As cores têm uma significação, que deverá ser levada em conta na interpretação, juntamente com os outros elementos do sonho. Naturalmente, o simples significado das cores não basta, por si mesmo, para a interpretação dos sonhos. Alaranjado: pequenas preocupações; anil: paz de consciência; amarelo: preocupações mais sérias; azul-claro: tranqüilidade de espírito; azul-marinho: percepção apurada; branco:

inocência; castanho: força de vontade;, negro: traição; rosa: benevolência; roxo: espírito de sacrifício; verde: confiança no futuro; vermelho: disposição para a luta. Orixá correspondente: Oxumarê.

CORAÇÃO — Sentir dor no coração: perda de um ente querido. Ver um coração separado do corpo: profunda desilução amorosa. Grupos: 5, 12, 24. Dezenas: 28, 36, 58, 74. Centenas: 823, 865, 940. Milhar: 1.278. Orixá correspondente: Oxalá.

CORAL — Em via de regra, é um sonho favorável, indicando superação de dificuldades. Os outros elementos do sonho, contudo, devem ser examinados com muita atenção. Grupos: 1, 15, 16. Dezenas: 03, 58, 60, 63, 64. Centenas: 064, 258, 660, 704. Milhar: 7.558. Orixá correspondente: Omolú.

CORCUNDA — Ver uma pessoa corcunda: sorte no jogo. Ter uma corcunda: dificuldades facilmente superáveis. Grupos: 8, 12. Dezenas: 12, 28, 82. Centenas: 005, 827, 948. Milhar: 9.476. Orixá correspondente: Oxalá.

COROA — Ter uma coroa na cabeça: dificuldades superadas. Ver alguém com uma coroa: viagem inesperada. Grupos: 13, 16, 23. Dezenas: 12, 82, 91. Centenas: 217, 826, 828. Milhar: 0.382. Orixá correspondente: Xangô.

CORREDOR — Caminharmos por um corredor comprido indica dificuldades que se terá de atravessar, sendo tanto mais prolongadas quanto mais comprido for o corredor, e tanto mais graves quanto mais escuro ele for. Se o corredor for atravessado, no sonho, porém, e se se chegar a lugar amplo e iluminado, as dificuldades serão compensadas pelos sucessos a serem obtidos depois. Se a pessoa estiver sozinha, não contará, praticamente, com ajuda para vencer as dificuldades. Se, ao contrário, estiver acompanhada, isso indica que ela contará com o apoio de amigos para vencer os obstáculos. Grupos: 5, 6, 7, 9, 22. Dezenas: 18, 21, 23, 35, 86, 88. Centenas: 085, 121, 488, 617, 922, 988. Milhar: 9.721. Orixá correspondente: Oxóssi.

CORRENTE — Ver uma corrente: dificuldades de vida. Estar preso a uma corrente: dificuldades muito sérias. Grupos: 9, 12, 15. Dezenas: 03, 28, 52, 62, 79. Centenas: 173, 482, 825. Milhar: 4.082. Orixá correspondente: Ogún.

CORRER — Correr a pé: viagem inesperada, por motivo desagradável. Ver uma multidão correndo: ameaça de descalabro financeiro. Grupos: 5, 10, 11, 24. Dezenas: 17, 20, 38, 43, 95, 96. Centenas: 043, 395, 696, 737, 795, 994. Milhar: 7.044. Orixá correspondente: Oxalá.

CORRIGIR — Ser corrigido por alguém: desavenças em sua vida funcional. Corrigir alguém: desavenças na família, sem ser, contudo, de muita gravidade. Grupos: 2, 3, 5, 14. Dezenas: 32, 73, 75, 83, 85, 95. Centenas: 035, 836, 903, 994. Milhar: 1.421. Orixá correspondente: Ossayin.

CORTEJO — Êxito nos empreendimentos, tanto maior quanto maior for o número de pessoas ou carros que participam do cortejo. Grupos: 1, 2, 3, 8, 12. Dezenas: 07, 11, 29, 31, 46, 48. Centenas: 048, 346, 447, 531. Milhar: 6.730. Orixá correspondente: Yansã.

CORTINA — Estar colocando uma cortina: mudança de rumo de vida. Ver alguém colocando uma cortina: mudança de domicílio. Ver uma cortina: viagem inesperada. Grupos: 1, 2, 16, 21. Dezenas: 34, 53, 65, 78. 81. Centenas: 034, 365, 476, 781. Milhar: 3.601. Orixá correspondente: Omolú.

CORUJA — É sempre de muito mau agouro sonhar com essa ave. Grupos: 2, 3, 21. Dezenas: 07, 37, 48, 63. Centenas: 137, 482, 825. Milhar: 4.082. Orixá correspondente: Xangô.

COSTELETA — Ver uma pessoa de costeletas: sucesso nos amores. Sonhar que se tem costeleta, sem se ter na realidade: novos amores. Grupos: 2, 4, 19, 23. Dezenas: 06, 08, 35, 36, 61. Centenas: 007, 060, 361, 435, 608. Milhar: 3.408. Orixás correspondentes: Ogún e Xangô.

COSTURAR — Para as mulheres solteiras: casamento próximo; para as mulhres casadas: gravidez; para os homens: perda de emprego. Grupos: 5, 12, 17, 23. Dezenas: 23, 48, 57, 62, 74. Centenas: 731, 747, 863, 991. Milhar: 1.865. Orixá correspondente: Yemanjá.

COURO — Dinheiro, porém ganho com muito esforço e certo risco. Para palpites, tem-se de saber a que animal pertence o couro. Orixá correspondente: Oxóssi.

COUVE — Ver uma plantação de couves: viagem próxima e inesperada, tanto mais prolongada quanto maior for o número de pés de couve. Plantar couves: satisfação dos desejos. Colher ou comer couves: desilusões sem grande importância. Grupos: 6, 10, 11, 13. Dezenas: 13, 53, 62, 66, 74. Centenas: 126, 353, 654, 726. Milhar: 1.674. Orixá correspondente: Oxún.

CRAVO — Oferecer um cravo a alguém: satisfação de um desejo relacionado com a pessoa a quem o cravo é oferecido. Receber um cravo de alguém: satisfação de um desejo relacionado com a pessoa que oferece o cravo. Ver flor. Orixá correspondente: Oxalá.

CRISTAL — Ver ou pegar num cristal límpido: tranquilidade no lar. Ver ou pegar um cristal embaçado ou opaco: preocupações domésticas. Grupos: 1, 9, 12, 15, 19; Dezenas: 03, 34, 35, 55, 56, 74, 75. Centenas: 004, 056, 333, 756, 903. Milhar: 1.401. Orixá correspondente: Oxalá.

CRUZ — Ver uma ou mais de uma cruz: dificuldades, tanto maiores quanto maior for o número de cruzes. Carregar uma cruz: desgosto profundo, com sérias repercussões no estado de saúde. Grupos: 2, 7. Dezenas: 07, 08, 25, 27. Centenas: 428, 625, 707, 808. Milhar: 3.828. Orixás correspondentes: Oxalá e Yemanjá.

CUIA — Os sonhos em que aparecem cuias são, em geral, desfavoráveis, indicando dificuldades financeiras. Grupos: 3, 5, 13. Dezenas: 11, 18, 50, 52. Centenas: 111, 417, 650, 717, 810. Milhar: 4.050. Orixá correspondente: Omolú.

CUSPE — Estar cuspindo: êxito nos negócios. Ver outra pessoa cuspir: dificuldade nos negócios, que serão superadas com algum esforço. Receber uma cusparada: prejuízos graves nos negócios. Grupos: 1, 18, 23. Dezenas: 32, 69, 70, 92. Centenas: 069, 570, 689, 701. Milhar: 3.702. Orixá correspondente: Exú.

D

DADO — Ver alguém jogando dados: prejuízos de pouca monta. Jogar dados: sorte no jogo, se estiver ganhando, e azar, se estiver perdendo. Grupo: 3, 7, 15. Dezenas: 26, 35, 63, 78. Centenas: 724, 753, 831, 921. Milhar: 3.826. Orixá correspondente: Exú.

DAMAS — Ver alguém jogando damas: rompimento de relações amorosas. Grupos: 2, 5, 14, 19. Dezenas: 03, 42, 58, 63, 79. Centenas: 038, 142, 285, 482, 692. Milhar: 0.483. Orixá correspondente: Oxún.

DANÇA — Ver outras pessoas dançando: dificuldades financeiras, tanto mais sérias quanto maior for o número de dançarinos. Estar dançando: aborrecimentos, por motivos íntimos. Grupos: 5, 6, 20, 23. Dezenas: 07, 53, 73, 78, 93. Centenas: 044, 283, 397, 438, 728. Milhar: 8.123. Orixá correspondente: Exú.

DARDO — Avistar um dardo cortando o ar: satisfação de um desejo acalentado quase sem esperanças. Lançar um dardo: espetaculares êxitos num difícil empreendimento. Ver alguém lançando um dardo: desavenças, mas, provavelmente, com reconciliação posterior. Ver um dardo cravar-se no chão: derrota de inimigos que tramam às ocultas contra os seus interesses. Grupos: 5, 13, 14, 19. Dezenas: 19, 49, 52, 53, 55, 75, 76. Centenas: 074, 255, 455, 649, 777. Milhar: 7.276. Orixás correspondentes: Exú e Ogún.

DATAR — Sonhar que se está datando uma carta ou qualquer documento: acontecimento inesperado. É importante levar-se em consideração os outros elementos do sonho, inclusive a cor do papel e da tinta, para se saber se o acontecimento inesperado é favorável ou desfavorável. Grupos: 2, 4, 20, 23, 24. Dezenas: 07, 08, 13, 15, 93, 95. Centenas: 308, 793, 807, 808, 815, 913, 993, 996. Milhar: 3.005. Orixá correspondente: Ogún.

DEBRUM — Sonhar com roupa debruada é mau presságio, principalmente se o debrum for de cor escura. Grupos: 9, 23. Dezenas: 38, 47, 65, 72.

Centenas: 037, 543, 654, 723. Milhar: 3.146. Orixá correspondente: Ossayin.

DECORAR — Decorar texto em português: triunfos sociais. Decorar texto em língua estrangeira: triunfos sociais e financeiros. Grupos: 2, 17, 19, 21. Dezenas: 06, 65, 66 81, 83. Centenas: 068, 182, 306, 565, 707. Milhar: 3.481. Orixá correspondente: Omolú.

DECOTE — Ver uma mulher excessivamente decotada: amor correspondido. Grupos: 6, 7, 19. Dezenas: 32, 63, 73, 85. Centenas: 032, 626, 737, 782, 931. Milhar: 4.725. Orixá correspondente: Yemanjá.

DEDAL — Encontrar um dedal: casamento próximo. Perder um dedal: rompimento de namoro ou noivado, desquite. Grupos: 4, 6, 12. Dezenas: 37, 62, 72. Centenas: 182, 283, 591. Milhar: 0.382. Orixá correspondente: Oxóssi.

DEDO — Possuir mais dedos do que o normal: grande prosperidade nos negócios. Perder um ou mais de um dedo: prejuízos. Grupos: 4, 7, 16. Dezenas: 13, 42, 65, 69. Centenas: 825, 885, 975. Milhar: 6.257. Orixá correspondente: Omolú.

DEFUNTO — Ver um cadáver insepulto: dificuldades financeiras: Ver também enterro e esquife. Grupos: 3, 7, 13, 21. Dezenas: 03, 37, 46. Centenas: 324, 462, 503, 635. Milhar: 7.367. Orixá correspondente: Omolú.

DEITAR — Sonhar que se está deitado: doença. Grupos: 2, 5. Dezenas: 15, 27. Centenas: 285, 383. Milhar: 3.520. Orixá correspondente: Oxalá.

DELATAR — Delatar-se alguém: desgosto profundo na família. Ser delatado por alguém: triunfo. sobre ihimigos. Grupos: 1, 9, 17, 23. Dezenas: 04, 35, 66, 67. Centenas: 335, 404, 465, 666, 702, 801, 992. Milhar: 0.066. Orixá correspondente: Exú.

DENTE — Sentir os dentes caírem ou arrancá-los: fracasso amoroso. Sentir dor de dente: aborrecimento. Ver alguém com dente de ouro: viagem. Grupos: 5, 16, 22. Dezenas: 37, 54, 68, 78. Centenas: 321, 483, 654, 708. Milhar: 0.842. Orixá correspondente: Ogún.

DEPILAR — Sonhar que se está depilando: doença. Ver outra pessoa se depilando: doença na família. Grupos: 4, 5, 23. Dezenas: 13, 16, 17, 90, 91. Centenas: 390, 413, 517. Milhar: 1.017. Orixá correspondente: Oxóssi.

DEPORTAR — Ser deportado: grave ameaça de doença, possivelmente mental. Grupos: 1, 16, 21, 24. Dezenas: 35, 63, 76, 95. Centenas: 095, 354, 471, 996. Milhar: 9.996. Orixá correspondente: Exú.

DERRETER — Derreter manteiga, gordura, etc.: superação de dificuldades no seio da família. Grupos: 6, 18, 25. Dezenas: 23, 24, 69, 71, 97, 00. Centenas: 000, 300, 471, 623, 870, 900, 924. Milhar: 3.700. Orixá correspondente: Omolú.

DERRUBAR — Ameaça contra sua integridade física. Grupos: 12, 23.

Dezenas: 47, 48, 89, 91. Centenas: 290, 447, 589, 690. Milhar: 3.690. Orixá correspondente: Oxóssi.
DESAFIO — Desafiar alguém: reviravolta na vida. Ser desafiado por alguém: promoção no emprego. Grupos: 3, 6, 16, 19. Dezenas: 37, 45, 73, 78, 82, 97. Centenas: 033, 823, 991, 998. Milhar: 3.836. Orixá correspondente: Ogún.
DESBOTAR — Ter as próprias roupas desbotadas: prejuízos financeiros. Ver outra pessoa com roupa desbotada: desavença na família. Grupos: 3, 14, 16, 19. Dezenas: 37, 54, 65, 68, 73, 84, 92. Centenas: 032, 863, 877, 886, 901, 908, 912. Milhar: 3.862. Orixá correspondente: Ogún.
DESENTUPIR — Desentupir uma pia, um cano, etc.: superação de dificuldades, mas somente após muitos esforços e sérios aborrecimentos. O sonho deve ser interpretado prestando-se muita atenção aos seus outros elementos. V. também água. Orixá correspondente: Omolú.
DESERTO — Avistar um deserto de longe: viagem inesperada. Estar no meio de um deserto: traição de amigos ou amantes. Grupos: 8, 22, 23. Dezenas: 08, 27, 47, 64, 68. Centenas: 625, 727, 778, 818. Milhar: 8.266. Orixá correspondente: Ogún.
DESERTOR — Ser desertor no sonho, sem o ser na realidade: sérias dificuldades na família. Acolher um desertor: traição de suposto amigo. Grupos: 1, 16, 22, 23. Dezenas: 03, 46, 64, 68, 74, 79, 83. Centenas: 043, 836, 867, 943. Milhar: 3.864. Orixá correspondente: Ogún.
DESMENTIR — Ser desmentido por alguém: êxito nos amores. Desmentir alguém: triunfo sobre inimigos traiçoeiros. Grupos: 4, 7, 16. Dezenas: 32, 72, 75, 83, 84, 96. Centenas: 103, 283, 438, 838, 936. Milhar: 1.983. Orixá correspondente: Exú.
DESPEDIDA — Mudança do rumo de vida, em geral para melhor, mas dependendo dos outros elementos que aparecem no sonho. Se a pessoa que sonha é que está de partida, a mudança diz respeito à situação financeira. Se a pessoa que sonha está se despedindo de quem parte, a mudança diz respeito à posição social, sem afetar, diretamente, a situação financeira. No que diz respeito aos palpites, devem os mesmos ser procurados em outros elementos do sonho. Orixá correspondente: Oxóssi.
DEUS — Ver-se perante Deus: felicidade próxima. Conversar com Ele: prosperidade. Grupos: 5, 13, 17, 21. Dezenas: 22, 39, 45, 56, 84. Centenas: 170, 318, 465, 519, 980. Milhar: 7.116. Orixá correspondente: Oxalá.
DIA — Ver alvorada e luz. Na maioria dos casos é importante, para sua interpretação, saber se era noite ou dia nos sonhos. Nos sonhos desfavoráveis, o efeito maléfico se torna ainda mais acentuado se as cenas do sonho são noturnas, ao passo que nos sonhos favoráveis, o efeito benéfico é acentuado se as cenas do sonho se passam à luz do sol. Orixá corres-

pondente: Oxalá.

DIABO — Ver o diabo: discussões e aborrecimentos. Conversar com o diabo: prejuízo. Ser carregado pelo diabo: perseguições. Brigar com o diabo: viagem próxima. Grupos: 6, 13, 15, 21. Dezenas: 03, 16, 33, 35, 67. Centenas: 105, 385, 645, 793. Milhar: 0.837. Orixá correspondente: Exú.

DIAMANTE: — Estar usando diamantes: surto muito efêmero de prosperidade. Encontrar um diamante: triunfo após árduas lutas. Perder um diamante: sorte nos amores. Grupos: 9, 18, 24. Dezenas: 02, 43, 52, 68, 90. Centenas: 138, 274, 738, 782. Milhar: 6.255. Orixá correspondente: Exú.

DIÁRIO — Sonhar que se está escrevendo um diário: ameaça séria que pesa sobre sua integridade física ou moral. Ler o diário de outra pessoa: profunda desilução sentimental. Grupos: 3, 15, 17, 21. Dezenas: 37, 53, 72, 74, 76, 79, 93. Centenas: 032, 303, 432, 643, 736, 785, 937, 988. Milhar: 3.282. Orixá correspondente: Ogún.

DINHEIRO — Achar dinheiro: reviravolta na vida. Estar contando dinheiro: azar no jogo, durante cerca de três dias. Grupos: 1, 7, 17. Dezenas: 32, 58, 63, 68. Centenas: 636, 738, 782, 820. Milhar: 8.689. Ver moeda. Orixá correspondente: Oxóssi.

DIPLOMA — Receber-se um diploma: sérias dificuldades financeiras. Ver outra pessoa recebendo um diploma: complicações sentimentais. Grupos: 6, 7, 21, 22. Dezenas: 23, 43, 73, 84, 87. Centenas: 084, 365, 652, 823. Milhar: 3.028. Orixá correspondente: Ossaiyn.

DISCURSO — Pronunciar um discurso: inveja de falsos amigos. Ouvir outra pessoa pronunciar um discurso: maquinações secretas de falsos amigos. Apartear outra pessoa que faz discurso: demascaramento de falsos amigos. Ser aparteado, em discurso, por outra pessoa: intrigas sérias. Grupos: 1, 9, 16, 23. Dezenas: 03, 35, 62, 64, 90, 91. Milhar: 6.704. Orixá correspondente: Oxun.

DISCUSSÃO — Assistir a uma discussão: perda de emprego. Tomar parte numa discussão: reviravolta na vida. Discutir com pessoa da família: mudança de estado civil. Grupos: 6, 7, 11, 14. Dezenas: 62, 67, 72, 75. Centenas: 038, 072, 352, 626. Milhar: 7.364. Orixá correspondente: Yemanjá.

DISFARÇAR — Disfarçar-se em pessoa do outro sexo: se quem sonha é homem, fracasso de seus planos; se quem sonha é mulher, vitória de seus planos. Disfarçar-se em velho: se quem sonha é homem, vitória de seus planos; se quem sonha é mulher, fracasso de seus planos. Disfarçar-se em animal: ameaça de enfermidade mental. Grupos: 1, 17, 19. Dezenas: 32, 63, 75, 82. Centenas: 352, 543, 673, 732, 785. Milhar: 3.881. Ver também, para palpites, o animal do disfarce. Orixá correspondente: Logun-Edé.

DIVÃ — Estar sentado num divã sozinho: noivado ou namoro desfeito, desquite. Estar sentado num divã em companhia de outra pessoa: prosperidade nos negócios, se a pessoa for do mesmo sexo; se a pessoa for do sexo oposto, noivado próximo, para os solteiros, e intriga desfeita, para os casados. Grupos: 1, 5, 12. Dezenas: 01, 17, 45, 98. Centenas: 136, 326, 490, 783. Milhar: 3.965. Orixá correspondente: Omolú.

DOCE — Viagem próxima. Grupos: 7, 13, 17. Dezenas: 35, 62, 68, 74, 77. Centenas: 324, 505, 632, 763. Milhar: 1.331. Orixá correspondente: Obaluayê.

DOENÇA — Estar doente: satisfação dos desejos. Ver alguém doente: dificuldades sem grande importância. Grupos: 6, 7, 11, 24. Dezenas: 07, 13, 18, 46, 54, 57. Centenas: 138, 831, 901. Milhar: 1.483. Orixá correspondente: Nanã.

DOMINÓ — Estar metido num dominó: aventura sentimental. Ver outra pessoa vestindo dominó: reconciliação. Grupos: 10, 13, 24, 25. Dezenas: 28, 39, 79. Centenas: 039, 148, 387. Milhar: 3.089. Orixá correspondente: Ibeji (crianças).

DOR — Estar sentindo alguma dor: é sinal de advertência contra maquinações e intrigas. Grupos: 05, 09, 37. Dezenas: 69, 43, 77, 79. Centenas: 257, 468, 864. Milhar: 1.372. Orixá correspondente: Xangô.

DORMIR — Sonhar que está dormindo: ameaça de enfermidade mental. Os sonhos desse gênero devem ser interpretados com muito cuidado, levando-se em conta os seus outros elementos. Grupos: 4, 9, 13, 22. Dezenas: 06, 31, 52, 58, 63, 81. Centenas: 239, 319, 900. Milhar: 1.294. Orixá correspondente: Yansã.

DOSSEL — Estar sentado sob um dossel: triunfo sobre inimigos, êxito nos negócios. Estar deitado sob um dossel: êxito nos amores. Grupos: 1, 14, 19. Dezenas: 03, 04, 53, 55, 73, 75. Centenas: 055, 103, 301, 573. 655, 776. Milhar: 3.501. Orixá correspondente: Oxalá.

DRAGÃO — Ver um dragão: amor correspondido. Matar um dragão: ideal realizado. Fugir de um dragão: intrigas ou traição. Grupos: 9, 15. Dezenas: 07, 15, 28, 32, 37. Centenas: 128, 386, 527, 692, 728. Milhar: 0.831. Orixá correspondente: Oxumaré.

DUELO — Assistir a um duelo: desgostos amorosos. Bater-se em duelo: intrigas. Sair ferido em duelo: traição. Grupos: 15, 16, 21, 23. Dezenas: 34, 48, 53, 58, 73. Centenas: 137, 275, 653, 865. Milhar: 1.376. Orixá correspondente: Ogún.

DUETO — Estar cantando em dueto com pessoa do mesmo sexo: rivalidade. Estar cantando em dueto com pessoa do sexo oposto: complicações sentimentais. Ver um homem e uma mulher cantando em dueto: prosperidade. Ver dois homens cantando em dueto: discórdia. Ver duas mulheres cantando em dueto: superação de dificuldades. Grupos: 5, 14, 16, 19. Dezenas: 18, 19, 55, 62, 63, 74, 75. Centenas: 019, 162, 220, 463, 555, 662, 874. Milhar: 9.774. Orixá correspondente: Xangô.

E

ECLIPSE — Ver um eclipse do sol: grandes prejuízos. Ver um eclipse da lua: pequenos prejuízos. Grupos: 1, 9, 15, 19. Dezenas: 08, 17, 65, 71. Centenas: 052, 206, 216, 455. Milhar: 0.110. Orixá correspondente: Ogún.

ELEFANTE — Ver um elefante: grandes dificuldades, que serão, porém, superadas. Montar num elefante: rompimento de amizade. Ver um elefante dançando: desavenças conjugais: Grupo: 12, e respectivas dezenas e centenas. Milhar preferível: 7.448. Orixá correspondente: Xangô.

EMPADA — Comer empada: reconciliação com parentes próximos. Fazer empada: mudança de residência. Ver alguém fazendo empada: regresso inesperado de um parente. Grupos: 2, 5, 13, 20, 25. Dezenas: 08, 20, 34, 86. Centenas: 130, 234, 654, 768. Milhar: 1.098. Orixá correspondente: Oxóssi.

ENFORCADO — Ver um enforcado: sorte no jogo. Salvar alguém que está se enforcando: realização de um desejo. Estar morrendo enforcado: sorte na loteria. Grupos: 9, 11, 17, 21. Dezenas: 03, 16, 38, 47, 74, 78. Centenas: 038, 431, 848, 934. Milhar: 8.381. Orixá correspondente: Omolú.

ENTERRO — Assistir ao enterro de um conhecido: traição. Assistir ao enterro de um desconhecido: boas notícias. Assistir ao próprio enterro: sorte no jogo, durante três dias. Grupos: 1, 7, 10, 18. Dezenas: 08, 13, 37, 45, 63, 68. Centenas: 138, 328, 482, 728. Milhar: 1.275. Orixá correspondente: Obaluayê.

ENTORNAR — Entornar qualquer líquido: superação de dificuldades. Entornar sólidos: dificuldades. Entornar qualquer coisa em cima da própria roupa: sérias dificuldades, provocadas pela maledicência e intrigas, que serão superadas, porém. Para palpites, deve-se levar em conta o material entornado. Orixá correspondente: Ossaiyn.

ENTRANHAS — Ver as entranhas de um animal: vitória sobre inimigos inescrupulosos. Ver as entranhas de um homem: ameaça contra a família. Grupos: 1, 16, 18, 21. Dezenas: 03, 30, 69, 72, 80, 83. Centenas: 080, 169, 371, 602, 772, 904. Milhar: 7.264. Orixá correspondente: Exú.

ENTRAR — Entrar numa casa: aumento da família. Entrar numa igreja: bons negócios. Entrar na cadeia: dificuldades financeiras. Entrar num castelo: satisfação de um ideal amoroso. Entrar num carro: novos amores. Entrar num navio: situação financeira ameaçada. Para palpites, ver casa, igreja, etc. Orixá correspondente: Exú.

ENXADA — Ver uma enxada: se estiver nova, prosperidade; se estiver enferrujada, dificuldades passageiras. Trabalhar com uma enxada: êxito nos negócios. Grupos: 8, 9, 13, 19. Dezenas: 32, 64, 68, 73, 79. Centenas: 725, 748, 793, 848, 903. Milhar: 7.366. Orixá correspondente: Xangô.

ENXERTO — Ver um enxerto: amores clandestinos. Fazer um enxerto: discórdia na família. Grupos: 4, 13, 14, 22. Dezenas: 15, 49, 52, 53, 85, 87. Centenas: 086, 316, 449, 548, 651, 686. Milhar: 3.015. Orixá correspondente: Nanã.

ENXOTAR — Enxotar um animal qualquer: vitória sobre inimigos traiçoeiros. Ver animais sendo enxotados: não se fie nos conselhos de supostos amigos. Para palpites, veja-se o animal enxotado. Orixá correspondente: Ibeji (crianças).

ENXUGAR — Enxugar as mãos: superação de intrigas. Enxugar o rosto: desilusão amorosa. Ver outra pessoa enxugar as mãos: intrigas. Ver outra pessoa enxugar o rosto: cuidado com seus casos sentimentais. Grupos: 1, 5, 7, 16. Dezenas: 03, 04, 18, 20, 25, 27, 63. Centenas: 103, 118, 417, 520, 603, 665, 819, 918. Milhar: 3.062. Orixá correspondente: Ogún.

EPIDEMIA — Reviravolta na vida ou mudança de domicílio. Para palpite, deve-se interpretar os outros elementos do sonho. Orixá correspondente: Oxóssi.

EPILEPSIA — Sonho de mau agouro. Para palpites, ver doença. Orixá correspondente: Omolú.

EPÍLOGO — Sonhar que se está lendo o epílogo de um livro: mau agouro. Ver livro. Orixá correspondente: Oxalá.

EQUADOR — Sonhar que se está atravessando a linha do equador: prosperidade. Grupos: 1, 9, 15, 16, 17. Dezenas: 03, 34, 59, 62, 66, 68. Centenas: 101, 366, 635, 662, 666, 901. Milhar: 3.359. Orixá correspondente: Ossaiyn.

ERVILHA — Felicidade nos empreendimentos. Grupos: 10, 13, 17. Dezennas: 37, 42, 48, 75. Centenas: 127, 438, 653, 738. Milhar: 1.792. Orixá correspondente: Oxóssi.

ESBARRAR — Dar um esbarrão em alguém: acautele-se contra perigos ocultos. Levar um esbarrão de alguém: rivalidades o estão prejudicando em sua vida profissional. Para palpites, ver os outros elementos do sonho. Orixá: correspondente: Xangô.
ESCADA — Subir uma escada: triunfo nos negócios. Descer uma escada: prejuízos. Cair de uma escada: catástrofe financeira. Ver alguém subindo ou descendo uma escada: probabilidade de viagem próxima. Grupos: 5, 6, 13, 20. Dezenas: 13, 42, 46, 63, 67, 72. Centenas: 127, 836, 956. Milhar: 3.030. Orixá correspondente: Yansã.
ESCAPULÁRIO — Ter um escapulário consigo: superação de sérias dificuldades. Ver um escapulário com outra pessoa: calúnias que serão, porém, desmascaradas. Perder um escapulário: doença. Achar um escapulário: notícia inesperada e alvissareira, dentro de muito pouco tempo. Grupos: 2, 7. Dezenas: 06, 07, 08, 26, 28. Centenas: 025, 026, 406, 525, 726, 805. Milhar: 3.427. Orixá correspondente: Oxalá.
ESCORPIÃO — Ver um ou mais de um escorpião: traição de amigos, tanto mais grave quanto maior for o número de escorpiões. Ser mordido por um escorpião: infidelidade conjugal. Matar um ou mais de um escorpião: êxito nos negócios, tanto maior quanto for o número de escorpiões mortos. Grupos: 9, 15. Dezenas: 37, 48, 52, 58. Centenas: 127, 372, 725, 754. Milhar: 3.727. Orixá correspondente: Exú.
ESCORREGÃO — Escorregar: pequenas dificuldades, logo superadas e acompanhadas de um período de sorte. Ver outra pessoa escorregando: reconciliação. (Se o escorregão é seguido de queda, ver queda). Grupos: 9 14, 17. Dezenas: 43, 54, 75, 87. Centenas: 137, 236, 638, 938. Milhar: 3.486. Orixá correspondente: Ogún.
ESCRAVO — Ter-se um escravo: complicações nos negócios. Ter-se uma escrava: complicações na família. Ser escravo de alguém: abalo financeiro. Ver um escravo ou escrava ser vendido: intrigas na família. Grupos: 1, 8, 22, 23. Dezenas: 03, 30, 31, 86, 87, 89, 91. Centenas: 387, 502, 630, 731, 789, 991. Milhar: 3.431. Orixás correspondentes: Exú e Ogún.
ESCURIDÃO — Ver-se no meio da escuridão: ameaça de traição por parte de amigos ou amante. Grupos: 3, 8, 9, 16. Dezenas: 13, 47, 65, 68. Centenas: 038, 435, 482, 764. Milhar: 1.273. Orixá correspondente: Oxóssi.
ESFOLAR — Esfolar um animal: caluniadores desmascarados. Ver alguém esfolando um animal: desavenças no seio da família. Para palpites, tem-se de levar em conta o animal que está sendo esfolado. Orixá correspondente: Omolú.
ESFREGAR — Atritos com colegas de trabalho. Grupos: 1, 9. Dezenas: 03, 04, 33, 36. Centenas: 002, 236, 333, 404, 735. Milhar: 3.435. Orixá correspondente: Obaluayê.

ESGOTO — Indica dinheiro. Grupos: 1, 4, 18. Dezenas: 30, 32, 71, 72. Centenas: 032, 102, 371, 404, 503, 671, 772, 830, 929. Milhar: 3.429. Orixá correspondente: Oxóssi.

ESMALTE — Tranquilidade no lar. Grupos: 4, 19, Dezenas: 09, 10, 73, 75. Centenas: 010, 319, 474, 510. Milhar: 0.010. Orixá correspondente: Yemanjá.

ESMOLA — Dar uma esmola: regresso de pessoa ausente. Receber uma esmola: dificuldades financeiras. Grupos: 5, 13, 20. Dezenas: 37, 46, 48, 63, 76. Centenas: 138, 263, 387, 391. Milhar: 4.837. Orixá correspondente: Omolú.

ESPADA — Tem significação diversa das demais armas brancas. Ver uma espada fora da bainha: desavença. Ser ferido com uma espada: prejuízos. Ferir alguém com uma espada: dificuldades superadas. Grupos: 1, 2, 9, 16. Dezenas: 03, 08, 38, 47, 76, 76. Centenas: 138, 286, 386, 390. Milhar: 3.010. Orixá correspondente: Ogún.

ESPANADOR — Dificuldades financeiras. Grupos: 1, 2, 9, 16. Dezenas: 03, 04, 73. Centenas: 275, 303, 304, 574, 602, 973. Milhar: 8.073. Orixá correspondente: Oxún.

ESPANHOL — Ver ou conversar com espanhol: desavença no emprego. Ver ou conversar com espanhola: alegria inesperada. Sonhar que se é espanhol, sem o ser: mudança de domicílio. Grupos: 2, 3, 5, 21. Dezenas: 07, 11, 13, 15, 81, 83. Centenas: 012, 384, 480, 484, 583, 611, 784. Milhar: 4.181. Orixá correspondente: Omolú.

ESPANTALHO — Ver um espantalho: contratempos inesperados. Estar armando um espantalho: dificuldades sérias nos meses próximos. Ver um ou mais de um espantalho com passarinhos nele ou neles pousados: gravíssimas dificuldades nos meses próximos, tanto mais sérias quanto maior for o número de espantalhos e tanto mais duradouras quanto maior for o número de passarinhos. Grupos: 1, 2, 13, 20. Dezenas: 07, 08, 50, 77, 80. Centenas: 350, 408, 609, 707, 878. Milhar: 9.750. Orixá correspondente: Ogún.

ESPELHO — Ver-se num espelho: para o homem, desilusão amorosa; para a mulher: satisfação de um desejo. Olhar no espelho e ver outra pessoa: ameaça de traição ou revelação de um segredo. Olhar no espelho e ver o diabo: ameaça de loucura. Grupos: 4, 13, 19. Dezenas: 17, 18, 25, 31, 38. Centenas: 001, 384, 654, 693, 729, 838. Milhar: 1.958. Orixá correspondente: Oxún.

ESPETO — Segurar um espeto: briga na família. Espetar alguém: intriga, envolvendo a pessoa espetada. Ser espetado por alguém: calúnia que somente será desmascarada depois de profundos aborrecimentos. Quebrar-se um espeto: superação de dificuldades. Grupos: 1, 9, 12. Dezenas: 03, 35,

36, 46, 47. Centenas: 048, 336, 603, 604, 734, 846. Milhar: 3.402. Orixá correspondente: Exú.
ESPINAFRE — Comer espinafre: boas notícias. Ver alguém comendo espinafre: notícia inesperada envolvendo pessoas da família. Plantar ou colher espinafre: dificuldades superadas. Grupos: 16, 20, 21. Dezenas: 51, 79, 80, 82, 83. Centenas: 084, 151, 279, 480, 981. Milhar: 3.051. Orixá correspondente: Exú.
ESPINHO — Mesma significação que ESPETO, porém mais atenuada. Orixá correspondente. Ogún.
ESPIRRO — Dar um ou mais de um espirro: doença em pessoa da família, tanto mais grave quanto maior for o número de espirros. Grupos: 6, 10, 16, 21. Dezenas: 15, 23, 28, 48, 57. Centenas: 127, 266, 373, 384, 760. Milhar: 2.037. Orixá correspondente: Omolú.
ESQUIFE — Ver um esquife vazio: falecimento de parente ou amigo. Ver um esquife com o cadáver de um desconhecido: mau agouro. Ver um esquife com o cadáver de um conhecido: doença grave. Ver-se dentro de um esquife: maquinações de inimigos. Grupos: 1, 6, 12, 15. Dezenas: 03, 32, 43, 48, 98. Centenas: 138, 204, 308, 474, 528, 865. Milhar: 3.402. Orixá correspondente: Oxóssi.
ESQUILO — Aumento da família. Grupos: 10, 17. Dezenas: 38, 40, 66, 67. Centenas: 366, 437, 537, 640, 866. Milhar: 4.067. Orixá correspondente: Xangô.
ESTÁBULO — Felicidade doméstica. Grupos: 25 e respectivas dezenas e centenas. Milhar preferível: 3.900. Orixá correspondente: Xangô.
ESTÁTUA — Ver uma estátua: desgostos domésticos. Ver-se transformado em estátua: decepção amorosa. Esculpir uma estátua: superação de dificuldades. Grupos: 1, 2, 12, 19. Dezenas: 12, 46, 68, 72, 75, 78. Centenas: 127, 483, 563, 572, 748. Milhar: 7.387. Orixá correspondente: Oxóssi.
ESTEIRA — Deitar-se numa esteira: dificuldades financeiras. Ver simplesmente uma esteira: dificuldades financeiras, porém não muito duráveis. Grupos: 15, 16, 21. Dezenas: 58, 60, 61, 64, 81, 84. Centenas: 060, 184, 261, 760, 983. Milhar: 1.983. Orixá correspondente: Omolú.
ESTIVADOR — Aborrecimentos no serviço. Grupos: 6, 8, 10. Dezenas: 23, 31, 32, 37, 40. Centenas: 332, 440, 523, 738, 740, 921. Milhar: 3.422. Orixá correspondente: Obaluayê.
ESTRADA — Caminhar por uma estrada: felicidade, se for de dia, e perseguição de inimigos, se for de noite. Grupos: 3, 11, 12, 21. Dezenas: 05, 16, 27, 32, 78. Centenas: 301, 342, 837, 991. Milhar: 2.741. Orixá correspondente: Yansã.
ESTRADO — Ver uma pessoa em cima de um estrado significa alegria com

a qual está relacionada essa pessoa. Ver-se em cima de um estrado: superação de dificuldades, provavelmente após a realização de uma viagem. Grupos: 5, 14, 24. Dezenas: 18, 20, 55, 93, 95. Centenas: 020, 220, 353, 355, 417, 694, 993. Milhar: 0.320. Orixá correspondente: Ogún.

ESTREBARIA — Ver uma estrebaria: aumento da família. Estar dentro de uma estrebaria: harmonia conjugal. Grupos: 3, 11, 21, 25. Dezenas: 03, 37, 76, 78, 81, 92. Centenas: 137, 386, 668, 802, 864. Milhar: 1.278. Orixá correspondente: Oxóssi.

ESTRELA — Avistar estrelas: felicidade no amor, tanto mais intensa quanto mais brilhantes forem as estrelas e maior o seu número. Ver uma chuva de estrelas: sorte na loteria, durante cerca de sete dias. Grupos: 1, 2, 3, 19. Dezenas: 03, 08, 14, 62, 75. Centenas: 028, 138, 373, 727, 821. Milhar: 8.274. Orixá correspondente: Oxalá.

ESTRELA-DO-MAR — Ver uma estrela-do-mar: viagem inesperada. Pegar uma estrela-do-mar: viagem inesperada, durante a qual ficará conhecendo uma pessoa que exercerá grande influência sobre sua vida. Grupos: 4, 6, 7, 16. Dezenas: 13, 15, 22, 27, 53. Centenas: 023, 227, 415, 614, 853. Milhar: 9.727. Orixá correspondente: Yemanjá.

ESTRIBO — Sonhar que se está no estribo de um bonde, de um trem de ferro, etc.: situação insegura. Para palpites, deve-se ver os outros elementos do sonho. Orixá correspondente: Ogún.

ESTRUME — Significa sempre sorte no jogo e nos negócios. Grupos: 6, 11, 18, 25. Dezenas: 18, 35, 38, 53, 73, 78, 82. Centenas: 128, 387, 482, 492, 738. Milhar: 8.373. Orixá correspondente: Oxóssi.

EVA — Sonhar que se vê Eva no Paraíso: se estiver em companhia de Adão: felicidade conjugal; se estiver sozinha: desavenças conjugais. Grupos: 8, 9, 10. Dezenas: 30, 40, 50. Centenas: 110, 230, 340. Milhar: 1.892, se estiver com Adão e 1.891, se estiver sozinha. Orixá correspondente: Oxún.

F

FÁBRICA — Avistar uma fábrica: dificuldades superadas. Entrar numa fábrica: triunfo sobre inimigos. Estar trabalhando numa fábrica: esforços árduos, mas bem compensados. Grupos: 3, 8, 11, 18. Dezenas: 08, 15, 25, 43, 48. Centenas: 128, 304, 487, 508. Milhar: 3.074. Orixá correspondente: Ogún.

FACA — Achar uma faca: casamento ou noivado próximo. Dar uma faca a alguém: rompimento de relações. Receber uma facada: grandes prejuízos. Dar uma facada em alguém: superação de dificuldades financeiras. Grupos: 4, 19. Dezenas: 38, 73, 78, 81, 83. Centenas: 138, 473, 738, 848. Milhar: 1.481. Orixás correspondentes: Ogún e Exú.

FADA — Avistar uma fada: notícias desagradáveis. Conversar com uma fada: sorte no jogo. Grupos: 2, 7, 19. Dezenas: 13, 38, 56, 64, 73, 78. Centenas: 038, 373, 831, 902. Milhar: 3.046. Orixá correspondente: Yemanjá.

FANHOSO — Ouvir falar uma pessoa fanhosa: sorte nos amores. Ser fanhoso no sonho, sem o ser na realidade: falta de sorte nos amores. Grupos: 5, 19. Dezenas: 18, 19, 74, 76. Centenas: 073, 419, 574, 618, 720. Milhar: 8.020. Orixá correspondente: Ogún.

FANTASMA — Avistar um ou mais de um fantasma: más notícias, tanto piores quanto maior for o número de fantasmas. Ver-se rodeado por fantasmas: perigo de desastre em viagem. Grupos: 2, 3, 7, 17. Dezenas: 06, 27, 37, 73, 84, 91. Centenas: 376, 636, 738, 836. Milhar: 1.937. Orixá correspondente: Ogún.

FANTOCHE — Maquinações de falsos amigos, acarretando sérios riscos de prejuízos. Grupos: 2, 3, 4, 17, 23. Dezenas: 07, 11, 66, 68, 90, 91. Centenas: 006, 066, 111, 267, 468, 508, 666, 906. Milhar: 3.411. Orixá correspondente: Oxóssi.

FARINHA — Ver farinha: dificuldades, tanto maiores quanto maior for a quantidade de farinha. Comer farinha: distúrbios na saúde. Entornar

farinha: desavenças na família ou com amigos. Ensacar farinha: reconciliação. Grupos: 6, 8, 13, 14. Dezenas: 03, 27, 43, 63, 83. Centenas: 128, 483, 738, 786, 812. Milhar: 1.910. Orixá correspondente: Oxun.

FARMÁCIA — Entrar numa farmácia: aumento de família. Fazer compras numa farmácia: prosperidade na família. Sonhar que se é farmacêutico, sem o ser na realidade: lucro nos negócios. Grupos: 3, 14, 16, 21. Dezenas: 11, 12, 55, 81, 84. Centenas: 083, 263, 321, 455, 983, 984. Milhar: 1.984. Orixá correspondente: Omolú.

FAROL — Avistar um farol: novos rumos em sua vida. Estar dentro de um farol: viagem prolongada, se estiver sozinho; provável mudança de estado civil, se estiver acompanhado de pessoa do sexo oposto;/aborrecimentos, se estiver em companhia de pessoa do mesmo sexo. Grupos: 2, 14, 21, 23. Dezenas: 08, 55, 56, 83, 90, 92. Centenas: 091, 108, 355, 456, 654, 856. Milhar: 1.555. Orixá correspondente: Ogún.

FAXINA — Estar-se fazendo faxina: desmascaramento de intrigantes. Ver outras pessoas fazendo faxina: sérios aborrecimentos, em conseqüência de intrigas, mas que serão compensados afinal. Grupos: 1, 5, 13, 21. Dezenas: 03, 18, 51, 81, 83. Centenas: 081, 252, 381, 483, 603, 951. Milhar: 4.704. Orixá correspondente: Xangô.

FAZENDA — Avistar uma fazenda de longe: perspectivas de melhoria na vida, que somente se concretizarão, porém, com a intervenção de uma terceira pessoa. Morar-se numa fazenda, no sonho, quando não se mora, na realidade: tranqüilidade de espírito, após um período de atribulações. Grupos: 5, 14, 18, 21, 25. Dezenas: 17, 55, 80, 98, 00. Centenas: 055, 500, 697, 753. Milhar: 6.799. Orixá correspondente: Ogún.

FECHADURA — Qualquer sonho com fechadura: ciladas de inimigos ou de falsos amigos. Grupos: 4, 17, 18. Dezenas: 12, 43, 73, 76, 81. Centenas: 192, 207, 381, 841. Milhar: 8.370. Orixás correspondentes: Exú e Ogún.

FEDEGOSO — Sonho muito desfavorável: indica caiporismo, doença etc. Deve ser interpretado, contudo, com cuidado, levando-se em conta os outros elementos. Grupos: 6, 9, 17, 22. Dezenas: 09, 63, 81, 90. Centenas: 137, 209, 320, 410. Milhar: 2.394. Orixá correspondente: Ogún.

FEIJÃO — Plantar feijão: melhoria de posição financeira. Colher feijão: sorte no jogo, durante três dias. Comer feijão: derrota de inimigos. Grupos: 6, 7, 13, 18. Dezenas: 03, 16, 20, 37, 48, 86. Centenas: 006, 092, 387, 477, 587. Milhar: 1.193. Orixás correspondentes: Exú, Oxún e Nanã.

FEIRA — Estar na feira fazendo compras: dificuldades financeiras. Estar na feira vendendo: grandes prejuízos nos negócios. Ver uma feira: aborrecimenos passageiros. Grupos: 5, 13, 17. Dezenas: 38, 47, 73, 74. Centenas: 123, 342, 428, 592. Milhar: 1.047. Orixá correspondente: Exú.

FEITIÇO — Sonhar com feitiço é desfavorável: indica atraso na vida, ameaça de doença etc. Ver bruxa. Grupos: 5, 15, 19, 24. Dezenas: 09,

24, 36, 44. Centenas: 139, 217, 592, 888. Milhar: 6.594. Orixá correspondente: Nanã.

FEL — Beber fel: profundos desgostos por questões de família. Ver alguém bebendo fel: intrigas que darão muito aborrecimento, mas serão desmascaradas afinal. Grupos: 5, 16, 22. Dezenas: 17, 18, 53, 87. Centenas: 186, 217, 220, 418, 553, 688, 986. Milhar: 7.920. Orixá correspondente: Omolú.

FELTRO — Os sonhos em que aparece feltro não são, em geral, favoráveis, indicando certas dificuldades financeiras ou nos amores, dependendo dos outros elementos do sonho. Também para palpites, esses outros elementos devem ser levados em consideração. Orixá correspondente: Exú.

FERA — Quando se sonha com uma fera indeterminada, o mais aconselhável é distribuir o jogo, inteligentemente, pelo leão, tigre e urso. Esse sonho significa ameaça que pesa sobre a pessoa, que deve precaver-se, pois a ameaça parte de pessoa que merece sua confiança. Grupos: 8, 17, 22, 24. Dezenas: 36, 37, 92, 97. Centenas: 194, 242, 321, 460. Milhar: 4.322. Orixá correspondente: Xangô.

FERIDA — Estar coberto de feridas: traição de pessoa amiga. Ver uma pessoa coberta de feridas: viagem inesperada. Grupos: 5, 17, 21. Dezenas: 03, 28, 88. Centenas: 127, 382, 821, 904. Milhar: 8.360. Orixá correspondente: Nanã.

FERMENTO — Sonho favorável, indicando prosperidade, principalmente quando a própria pessoa está colocando fermento na massa, e esta cresce muito. Grupos: 6, 10, 17, 20. Dezenas: 23, 38, 40, 66, 77, 78. Centenas: 080, 422, 677, 678, 837, 938. Milhar: 4.040. Orixá correspondente: Ogún.

FERRADURA — Achar uma ferradura: sorte no jogo, durante cerca de três dias. Perder uma ferradura: azar no jogo, durante cerca de três dias. Grupos: 3, 11. Dezenas: 13, 52, 68, 72, 82. Centenas: 263, 303, 483, 765. Milhar: 8.362. Orixá correspondente: Exú.

FERRO — Sonho favorável, indicando prosperidade, triunfo sobre maquinações de inimigo, etc. Se, porém, o ferro está coberto de ferrugem, o sonho já não será tão propício, pois os triunfos somente serão alcançados após árduos sacrifícios. Grupos: 5, 8, 16, 23. Dezenas: 18, 31, 62, 63, 91, 92. Centenas: 061, 318, 461, 690, 817, 991. Milhar: 4.518. Orixá correspondente: Ogún.

FERVER — Ver água ou outro líquido fervendo: vitória estrondosa, obtida após muitos esforços. Queimar a mão em líquido fervente: previna-se contra seus inimigos. Grupos: 5, 9, 20. Dezenas: 19, 35, 78, 79, 80. Centenas: 080, 277, 478, 677, 836, 919. Milhar: 4.576. Orixá correspondente: Omolú.

FEZES — Significa sempre sorte no jogo e nos negócios. Grupos: 1, 13, 14,

18. Dezenas: 02, 13, 48, 65, 79, 80. Centenas: 028, 383, 737, 779, 826. Milhar: 0.389. Orixá correspondente: Exú.

FIADO — Sonhar que se está comprando fiado: briga em família. Sonhar que se está vendendo fiado: inimizade inesperada. Grupos: 2, 7, 16, 20. Dezenas: 06, 07, 27, 63, 78, 80. Centenas: 005. 062, 177, 408, 805, 979. Milhar: 3.478. Orixá correspondente: Omolú.

FIDALGO — Conversar com um fidalgo: decepção profunda com pessoa amiga. Sonhar que se é fidalgo, sem o ser na realidade: doença na família. Grupos: 3, 5, 18, 24. Dezenas: 11, 17, 18, 71, 93. Centenas: 111, 394, 410, 717, 794, 812. Milhar: 2.671. Orixá correspondente: Ogún.

FIGA — Usar uma figa: maquinações de inimigos ocultos, que acabarão, porém, sendo desmascarados. Ver outra pessoa usando figa: muita gente está invejando seu sucesso. Receber uma figa de presente: surpresa dentro de poucos dias. Dar uma figa de presente: não se fie em certos amigos. Grupos: 1, 6, 7, 17, 21, 22. Dezenas: 04, 22, 23, 25, 83, 87. Centenas: 020, 085, 324, 525, 685, 787, 903. Milhar: 7.001. Orixá correspondente: Oxóssi.

FÍGADO — Comer fígado: profundo desgosto dentro em breve. Ver uma pessoa comendo fígado: dificuldades vencidas sem muito esforço. Ver fígado: doença na família. Grupos: 6, 7, 13, 25. Dezenas: 05, 08, 15, 28, 48, 74. Centenas: 273, 372, 764, 872, 928. Milhar: 8.266. Orixá correspondente: Omolú.

FIGO — Ver figos maduros: felicidade próxima. Ver figos secos: regresso de pessoa ausente. Comer figos maduros: casamento feliz. Comer figos secos: aumento da família. Grupos: 1, 3, 7, 19. Dezenas: 12, 38, 83, 91, 94. Centenas: 127, 382, 428, 454, 697. Milhar: 1.377. Orixá correspondente: Ogún.

FIGURINO — Os sonhos com figurino, de um modo geral, têm significação benéfica, se quem sonha é mulher, e maléfica, se quem sonha é homem. No primeiro caso, significa sorte nos amores, admiração por sua beleza, etc. No segundo caso, significa desilusão amorosa, tropeços, etc. No que se refere aos palpites, devem ser levados em consideração os outros elementos do sonho. Orixá correspondente: Oxóssi.

FILA — Estar numa fila: insucesso nos empreendimentos, caiporismo em geral. Grupos: 13, 16, 22, 23. Dezenas:51, 63, 87, 91. Centenas: 088, 350, 663, 692, 752, 962. Milhar: 7.662. Orixá correspondente: Oxóssi.

FILHO — Sonhar que se tem filhos sem os ter na realidade: decepção amorosa, tanto mais profunda quanto maior for o número de filhos. Nascimento de um filho: desavenças na família. Rapto de um filho: lucros nos negócios. Morte de um filho: prejuízo nos negócios. Ter um filho de cor diferente da nossa: desavenças graves na família. Grupos: 5, 6, 24, 25.

Dezenas: 31, 38, 48, 52, 82. Centenas: 028, 382, 422, 532, 737. Milhar: 4.837. Orixá correspondente: Oxún.

FILTRAR — Sonhar que se está filtrando água ou outro líquido: superação de dificuldades. Para palpites, levar em consideração os outros elementos do sonho. Orixá correspondente: Oxalá.

FINCAR — Fincar ou ver alguém fincar haste de madeira: triunfo nas dificuldades que está atravessando, mas sendo necessário acautelar-se o máximo possível contra as ciladas. Fincar uma haste metálica: triunfo espetacular nas dificuldades que está atravessando. Para palpites, deve-se levar em conta os outros elementos do sonho. Orixá correspondente: Xangô.

FITA — Sonho favorável. Entretanto, uma ou várias fitas negras anunciam situações tristes. Grupos: 05, 19, 21, 24. Dezenas: 34, 96, 97, 98. Centenas: 234, 326, 644, 672. Milhar: 9.642. Orixá correspondente: Yemanjá.

FLANELA — Não é sonho desfavorável, mas indica que se deve acautelar contra certos perigos. Grupos: 02, 27. Dezenas: 73, 83. Centenas: 572, 888, 893. Milhar: 9.932. Orixá correspondente: Yemanjá.

FLAUTA — Tocar flauta: decepção amorosa. Ver alguém tocando flauta: doença grave em pessoa da família ou amiga. Ouvir o som de flauta sem ver o instrumento: viagem de negócios. Grupos: 1, 9, 17, 19. Dezenas: 13, 23, 47, 62, 66, 67. Centenas: 017, 111, 179, 791. Milhar: 1.761. Orixá correspondente: Omolú.

FLECHA — Ver uma seta atravessando o ar: viagem próxima. Ser alcançado por uma flecha: noivado ou casamento próximo. Atirar uma flecha: reviravolta na vida. Quebrar uma flexa: desavenças. Grupos: 1, 2, 11, 15. Dezenas: 18, 38, 63, 73, 83. Centenas: 234, 453, 563, 725. 828. Milhar: 0.386. Orixá correspondente: Oxóssi.

FLOR — Colher flores: casamento próximo. Plantar flores: satisfação de um desejo. Cheirar um flor: notícia inesperada e favorável. Pisar numa flor: desavença na família. Ver uma flor murchar de repente: doença em pessoa da família. Grupos: 1, 13, 14, 19. Dezenas: 13, 48, 49, 56, 65, 68. Centenas: 038, 483, 491, 572, 628, 826. Milhar: 8.263. Orixá correspondente: Ogún.

FLORESTA — Avistar uma floresta de longe: viagem. Estar perdido numa floresta: viagem complicada por dificuldades financeiras. Sair de uma floresta: livrar-se de dificuldades financeiras. Grupos: 9, 16, 22, 23. Dezenas: 24, 42, 48, 52, 78, 80. Centenas: 137, 482, 873, 891, 901. Milhar: 0.377. Orixá correspondente: Oxóssi.

FLUTUAR — Ver um objeto inanimado flutuando na água: tranquilidade após as dificuldades que se está atravessando no momento. Ver um ser humano flutuando na água: vitória precária sobre as maquinações de inimigos. Ver um animal flutuando na água: vitória consolidada sobre as maquinações de inimigos. Para palpites, devem ser levados em conta os outros elementos do sonho: água, lago, mar, rio, etc. Oxirá correspondente: Omolú.

FOGÃO — Ver um fogão apagado: mau agouro. Ver um fogão aceso: perigo de desastre em viagem Acender um fogão: perigo oculto. Grupos: 1, 14, 18, 20. Dezenas: 03, 31, 42, 48, 58, 62, 72, 84. Centenas: 237, 382, 428, 826, 910. Milhar: 3.728. Orixá correspondente: Exú.

FOGO — Ver fogo: perigo de desastre em viagem. Apagar o fogo: dificuldades financeiras. Acender o fogo: perigo oculto. Grupos: 1, 9, 13, 17. Dezenas: 38, 48, 51, 62, 75. Centenas: 283, 383, 738, 792, 820. Milhar: 2.002. Orixá correspondente: Exú.

FOGO-FÁTUO — Tristezas na família. Grupos: 4, 9, 23. Dezenas: 11, 34, 36, 91. Centenas: 035, 390, 492, 713, 835, 911. Milhar: 1.911. Orixá correspondente: Ogún.

FOGUETE — Ver um foguete subindo: casamento ou noivado próximo. Soltar um foguete: viagem inesperada. Ser atingido por um foguete: doença grave. Grupos: 2, 3, 17. 19. Dezenas: 38, 47, 72, 78, 84, 89. Centenas: 127, 203, 291, 483, 831. Milhar: 2.002. Orixá correspondente: Omolú.

FOICE — Pegar numa foice: doença grave. Ver-se perseguido por alguém que empunha uma foice: se a pessoa é moça, doença grave; se a pessoa é velha: mau agouro. Devem ser interpretados cuidadosamente os demais elementos do sonho, também no que diz respeito aos palpites. Orixá correspondente: Exú.

FOLE — Ver alguém tocando fole: boa notícia em breve. Estar a própria pessoa tocando fole: êxito nos negócios. Grupos: 3, 6, 12, 22. Dezenas: 10, 22, 23, 46, 85. Centenas: 286, 311, 424, 646, 687, 722, 923. Milhar: 8.212. Orixá correspondente: Xangô.

FOLHA — Ver folhas secas arrastadas pelo vento: desilusão amorosa. Ver folhas secas caindo da árvore: profunda desilução amorosa. Arrancar folhas de uma árvore: rompimento. Ver o vento arrancar folhas de uma árvore: separação. Grupos: 2, 7, 16, 19. Dezenas: 07, 26, 28, 63, 74. Centenas: 227, 363, 375, 408, 426, 876. Milhar: 3.007. Orixá correspondente: Yansã.

FOLHINHA — Desfolhar uma folhinha: complicações sentimentais. Colocar uma folhinha na parede: mudança de vida. Ver alguém colocando uma folhinha na parede ou desfolhando-a: intrigas. Grupos: 2, 6, 19, 20. Dezenas: 08, 23, 24, 75, 78, 80. Centenas: 022, 080, 222, 224, 676, 776, 878, 880, 979. Milhar: 2.308. Orixá correspondente: Ogún.

FORCA — Ver uma ou mais de uma forca vazias: desgosto, tanto mais profundo quanto maior for o número de forcas. Ver uma ou mais de uma forca com enforcados: perigo, tanto mais grave quanto maior for o número de forcas e de enforcados. Ver-se pendurado numa forca: infidelidade conjugal. Grupos: 2, 7, 9, 12, 15. Dezenas: 05, 28, 31, 48, 63. Centenas: 318, 483, 491, 583, 728. Milhar: 3.847. Orixá correspondente: Omolú.

FORJA — Indica saúde, boa disposição, triunfo nas lutas que travar. Trata-se, em suma, de um sonho muito favorável. Para palpites, devem ser lavados em conta seus outros elementos. Orixá correspondente: Ogún.

FORMIGA — Ver formigas saindo de um formigueiro: reviravolta na vida. Ver formigas entrando num formigueiro: dificuldades financeiras superadas. Ser picado por formigas: desavenças na família. Comer formigas ou tanajuras: sorte no jogo. Ver tanajuras voando: muita sorte no jogo. Grupos: 9, 10, 13, 15, 20. Dezenas: 03, 18, 25, 30, 48. Centenas: 038, 147, 483, 562. Milhar: 0.483. Orixá correspondente: Obaluayê.

FORNO — De um modo geral, mesma significação que fogão. Estar dentro de um forno: dificuldades financeiras. Ver alguém entrar num forno: doença. Palpites: iguais aos de fogão. Orixá correspondente: Ogún.

FORQUILHA — Tranqüilidade no lar, depois das dificuldades que está atravessando. Grupos: 1, 5, 9, 13, 14. Dezenas: 03, 19, 34, 36, 49, 52, 53. Centenas: 019, 333, 633, 720, 820, 903. Milhar: 7.733. Orixá correspondente: Oxóssi.

FÓSFORO — Acender um ou mais de um fósforo: traição, tanto mais séria quanto maior for o número de fósforos. Riscar fósforos sem conseguir acendê-los: vitórias sobre inimigos. Grupos: 6, 10, 13, 25. Dezenas: 28, 31, 73, 79, 82. Centenas: 322, 381, 482, 528, 602. Milhar: 8.286. Orixá correspondente: Exú.

FOTOGRAFIA — Ver uma fotografia num sonho: indica que se deve interpretar o que se vê na fotografia justamente ao contrário do que se deve interpretar em sonho. Assim, por exemplo, se sonharmos que vemos uma fotografia onde se vêem árvores, a interpretação é: aborrecimentos, se as árvores estão verdes, e tranqüilidade de espírito, se as árvores estão secas (ver árvore). Sonhar que se está tirando fotografia de alguém: desavenças. Sonhar que se está sendo fotografado: doença. Para palpites, vejam-se os outros elementos do sonho não se levando em conta, porém, as fotografias vistas em sonho. Orixá correspondente: Omolú.

FRIO — Sentir frio: ameaça sobre um ente querido. Ver alguém batendo o queixo de frio: reviravolta na vida. Grupos: 10, 15, 23. Dezenas: 03, 43, 62, 72, 81. Centenas: 08, 483, 820, 881. Milhar: 2.826. Orixá correspondente: Oxalá.

FRUTAS EM GERAL — Ver frutas no pé: viagem. Colher frutas: prosperidade. Comer frutas: casamento ou noivado próximo. Engolir o caroço de uma fruta: dificuldades financeiras. Grupos: 1, 3, 6, 17. Dezenas: 08, 28, 40, 62, 69, 73. Centenas: 837, 881, 902, 994. Milhar: 8.377. Orixá correspondente: Ibeji (crianças).

FUGIR — Estar fugindo de alguém: reviravolta na vida. Ver alguém fugindo: maquinações de falsos amigos desmascarados. Estar fugindo de um animal: aborrecimentos nos próximos meses. Para palpites, vejam-se os outros elementos do sonho. Orixá correspondente: Ogún.

FULIGEM — Ver-se sujo de fuligem: calúnia. Ver alguém sujo de fuligem: intrigas. Palpites: ver fumaça. Orixá correspondente: Omolú.

FUMAÇA — Ver fumaça subindo pelo ar: sorte no jogo, durante três dias, aproximadamente. Sentir-se sufocado pela fumaça: dificuldades financeiras. Grupos: 1, 12, 18, 20. Dezenas: 11, 33, 78, 85. Centenas: 192, 285, 430, 729. Milhar: 8.473. Orixá correspondente: Oxóssi.

FUMAR — Sonhar que se está fumando: se a pessoa não costuma fumar na realidade: satisfação de um desejo oculto; se a pessoa costuma fumar: êxito nos empreendimentos. Ver outra pessoa fumando: discórdias. Grupos: 1, 9, 21, Dezenas: 02, 04, 34, 36, 83, 84. Centenas: 001, 004, 035, 436, 702, 801, 983, 984. Milhar: 8.034. Orixá correspondente: Exú.

FUNIL — Indica que as dificuldades serão vencidas, porém só à custa de muito esforço. Grupo: 40. Dezenas: 22, 66, 71. Centenas: 119, 512, 602. Milhar: 4.003. Orixá correspondente: Ogun.

FUZILAMENTO — Ver alguém sendo fuzilado: viagem inesperada. Ser fuzilado: traição. Fuzilar alguém: vitória sobre inimigos. Grupos: 4, 6, 12, 21. Dezenas: 83, 86, 87, 90. Centenas: 273, 628, 727, 821. Milhar: 8.373. Orixá correspondente: Exú.

G

GAFANHOTO — Ver um ou mais de um gafanhoto: desgostos, tanto mais profundos quanto maior for o número de gafanhotos. Comer gafanhotos: sérias dificuldades financeiras. Ser mordido por gafanhotos: desavenças na família. Grupos: 4, 9, 15, 24. Dezenas: 07, 16, 28, 38, 82. Centenas: 381, 482, 682, 762, 821. Milhar: 8.289. Orixá correspondente: Exú.

GAGUEIRA — Sonhar com gago: tropeços na vida. Sonhar que se é gago, sem o ser na realidade: dificuldades provocadas por intrigas e calúnias de falsos amigos. Grupos: 1, 4, 5, 15, 17. Dezenas: 04, 18, 20, 58, 60, 66. Centenas: 067, 219, 320, 403, 701, 758, 804. Milhar: 3.465. Orixá correspondente: Ogún.

GAIOLA — Ver uma gaiola vazia: viagem. Ver uma gaiola com passarinho: Ver ave. Comprar uma gaiola: desgosto na família. Vender uma gaiola: perda de emprego. Grupos: 2, 13, 17, 20. Dezenas: 37, 46, 68, 83, 92. Centenas: 238, 487, 582, 852. Milhar: 7.386. Orixá correspondente: Oxóssi.

GAITA — Sonho favorável, indicando êxito nos negócios, sorte no jogo, etc., principalmente se a pessoa se vê no sonho tocando o instrumento. -Para os palpites, devem ser levados em consideração os outros elementos do sonho. Orixá correspondente: Omolú.

GALINHA — Ver uma galinha ciscando o chão: maquinações de inimigos, que serão, porém, espetacularmente desmascarados. Ouvir uma galinha cacarejar: intrigas de inimigos desembuçados. Ouvir a galinha cacarejar, sem vê-la: intriga de falsos amigos, que serão desmascarados, porém, dentro de algum tempo. Para palpites, ver galo. Orixá correspondente: Oxún.

GALO — Ver um ou mais de um galo: sucessos amorosos, tanto maiores quanto maior for o número de galos. Ver galos e ouvi-los cantar: casamento ou noivado próximo. Ouvir canto de galo sem vê-lo: paixão correspondida. Grupo: 13 e respectivas dezenas e centenas: Milhar preferível: 2.449. Orixá correspondente: Exú.

GAMBÁ — Ver um gambá vivo: intrigas. Ver um gambá morto: intrigas desmascaradas. Matar um gambá: desmascaramento de intrigas. Ver um gambá bêbedo: escândalo. Grupos: 10, 15, 18. Dezenas: 38, 40, 58, 71. Centenas: 040, 270, 472, 540, 638, 670, 772. Milhar: 9.837. Orixá correspondente: Omolú.

GANCHO — Complicações sentimentais ou dificuldades financeiras. A interpretação completa dependerá dos outros elementos do sonho. Orixá correspondente: Ogún.

GANGORRA — Dificuldades, que serão, porém, superadas com êxito. Grupos: 16, 17, 20. Dezenas: 63, 64, 66, 67, 78, 80. Centenas: 061, 266, 379, 561, 766. Milhar: 4.580. Orixá correspondente: Oxóssi.

GARFO — Comer com um garfo: sorte no jogo. Ferir-se com um garfo: azar no jogo. Quebrar um garfo: prejuízos. Grupos: 1, 15, 21, 22. Dezenas: 38, 47, 53, 62, 80. Centenas: 138, 384, 428, 792, 820. Milhar: 4.736. Orixá correspondente: Oxóssi.

GARGAREJO — Estar gargarejando: dificuldades financeiras nos próximos meses. Ver alguém gargarejando: fracasso amoroso. Grupos: 1, 17, 20. Dezenas: 03, 66, 67, 78, 80. Centenas: 180, 278, 377, 401, 477, 604. Milhar: 1.768. Orixá correspondente: Exú.

GARIMPEIRO — Ver um garimpeiro em trabalho: o sonho que acalenta é irrealizável. Sonhar que se é garimpeiro, sem o ser na realidade: seu ideal será alcançado. Grupos: 2, 4, 19. Dezenas: 06, 08, 13, 15, 75, 76. Centenas: 005, 074, 314, 377, 806, 908, 914, 976. Milhar: 8.205. Orixá correspondente: Ogún.

GARRAFA — Ver uma ou mais de uma garrafa: sorte no amor, tanto maior quanto maior for o número de garrafas. Quebrar uma garrafa: perda de emprego. Ver uma garrafa cheia de sangue: desavenças sérias na família. Grupos: 1, 5, 9, 12, 15. Dezenas: 23, 43, 73, 82. Centenas: 283, 383, 482, 628, 828. Milhar: 9.837. Orixá correspondente: Omolú.

GARUPA — Estar montado na garupa de um animal: se a pessoa que está na frente é conhecida, êxito nos empreendimentos, mas somente após árduas lutas; se a pessoa que está na frente é desconhecida, êxito muito duvidoso nos empreendimentos. Para palpites, levar-se em consideração o animal sobre o qual se está montado e outros elementos do sonho. Orixá correspondente: Oxóssi.

GATO — Ver um gato perseguindo um rato: desavenças por questões de dinheiro. Ver um gato comendo um rato: desavenças por questões de dinheiro, acompanhadas de desgostos profundos. Ser arranhado por um gato: ciladas perigosas por parte de inimigos. Grupos: 14, e respectivas dezenas e centenas. Milhar preferível: 3.055. Orixá correspondente: Exú.

GAVETA — Ver uma gaveta vazia: satisfação de um desejo oculto. Ver uma gaveta cheia: prosperidade. Abrir uma gaveta: amor correspondido. Fechar uma gaveta: noivado próximo. Arrombar uma gaveta: rapto ou infidelidade conjugal. Grupos: 1, 13, 16, 25. Dezenas: 03, 06, 27, 38, 63, 73. Centenas: 283, 383, 483, 837, 931. Milhar: 0.497. Orixá correspondente: Xangô.

GEADA — Avistar campos abertos de geada: viagem inesperada. Grupos: 5, 23, 25. Dezenas: 18, 89, 92, 97, 00. Centenas: 000, 400, 492, 591, 617, 718, 925. Milhar: 3.717. Orixá correspondente: Oxalá.

GELO — Comer gelo: desilusão amorosa. Caminhar sobre o gelo: viagem por motivo desagradável. Ver um pedaço de gelo: aborrecimentos passageiros. Grupos: 6, 7, 23. Dezenas: 28, 38, 48, 50, 62, 89. Centenas: 283, 438, 533, 602, 710. Milhar: 8.390. Orixá correspondente: Oxalá.

GÊMEO — Ver dois gêmeos: sorte no jogo, se os gêmeos forem do sexo masculino, e sorte nos amores, se forem do sexo feminino. Ser gêmeo no sonho, sem o ser na realidade: afeto correspondido. Grupos: 2, 14, 16, 21. Dezenas: 08, 53, 56, 64, 65, 83. Centenas: 006, 008, 054, 383, 454, 707, 954. Milhar: 9.054. Orixá correspondente: Ibeji (crianças).

GEMIDO — Ouvir gemidos: vendo-se quem está gemendo, doença; não vendo-se quem está gemendo, mau agouro. Os sonhos desse gênero devem, contudo, ser cuidadosamente interpretados. Para palpites, devem ser levados em conta os outros elementos. Orixá correspondente: Oxóssi.

GIGANTE — Ver um gigante: aumento da família. Ser perseguido por um gigante: complicações com a justiça. Vencer um gigante: grande sucesso nos empreendimentos. Grupos: 8, 12, 16, 21. Dezenas: 05, 18, 28, 37, 47, 72. Centenas: 126, 382, 483, 636, 797. Milhar: 3.769. Orixá correspondente: Ogún.

GIRAFA — Melhoria de posição econômica. Grupos: 1, 8, 11, 12. Dezenas: 34, 38, 46, 52, 73, 81. Centenas: 127, 328, 428, 486, 698. Milhar: 4.837. Orixá correspondente: Exú.

GIZ — Escrever com giz: notícia inesperada. Ver outra pessoa escrever com giz: calúnia, que será desmascarada, porém. Estar sujo ou sujar-se de giz: intrigas, que acarretarão muitos aborrecimentos. Grupos: 1, 21, 23. Dezenas: 18, 43, 65, 76. Centenas: 376, 764, 773, 826, 902, 943. Milhar: 1.487. Orixá correspondente: Oxalá.

GLOBO — Ver ou manusear um globo terestre: viagem próxima. Ver um globo pendurado: viagem inesperada, repleta de peripécias. Grupos: 4, 6, 7, 10. Dezenas: 03, 52, 75, 87. Centenas: 137, 437, 562, 658, 838. Milhar: 1.483. Orixá correspondente: Ogún.

GOLA — Ter a gola do paletó levantada: doença. Ver outra pessoa com a gola do paletó levantada: doença na família. Para palpites, vejam-se os outros elementos do sonho. Orixá correspondente: Exú.

GÔNDOLA — Amores correspondidos, casamento próximo. V. também barco. Orixá correspondente: Omolú.
GORJETA — Estar dando gorjeta: êxito nos negócios. Estar recebendo gorjeta: dificuldades financeiras. Grupos: 4, 5, 10, 20. Dezenas: 08, 20, 79. Centenas: 008, 020, 316, 420, 880. Milhar: 3.020. Orixá correspondente: Exú.
GRAMA — Avistar-se um gramado muito verde: boas perspectivas na vida. Caminhar por um gramado verde: êxito nos negócios e no amor. Avistar-se um gramado seco e por ele caminhar: dificuldades e insucessos na vida. Para palpites, vejam-se os outros elementos do sonho. Orixá correspondente: Oxóssi.
GRAVATA — Dar um laço de gravata em si próprio: casamento ou noivado próximo, se for homem; se for mulher, amor correspondido. Dar um laço na gravata de outra pessoa: para os homens, desavenças na família, se a pessoa for do mesmo sexo, e desgosto profundo, se for de outro sexo. Para a mulher: casamento ou noivado próximo, se a outra pessoa for do sexo contrário, e êxito nos empreendimentos se for do mesmo sexo. Grupos: 1, 3, 9, 14. Dezenas: 15, 33, 47, 89, 95. Centenas: 033, 174, 383, 473, 707. Milhar: 4.483. Orixá correspondente: Omolú.
GRAVETO — Dificuldades de pequena monta, dizendo respeito, principalmente, a falta de dinheiro. Essa significação, porém, não terá valor, se os gravetos forem queimados. Nesse caso, ver fogo. Grupos: 3, 4, 8, 14. Dezenas: 11, 13, 15, 30, 32, 55. Centenas: 111, 254, 555, 510, 732, 754, 756, 911. Milhar: 7.455. Orixá correspondente: Exú.
GRAVIDEZ — Estar grávida: se for mulher casada, prosperidade; se for solteira, desilusão amorosa. Ver mulher grávida: notícias de pessoa ausente. Grupos: 5, 6, 9, 21, 25. Dezenas: 18, 25, 31, 48, 77. Centenas: 383, 483, 582, 791. Milhar: 0.393. Orixá correspondente: Oxún.
GRAXA — Ver-se sujo ou sujar-se de graxa: calúnias de despeitados, que acabarão sendo desmascarados. Ver alguém sujo ou sujando-se de graxa: ciladas de inimigos, que se voltarão contra eles próprios. Engraxar sapatos: lutas árduas, mas com triunfo compensador. Ver outra pessoa engraxando sapatos: triunfo retumbante sobre os inimigos, após as dificuldades que está atravessando. Grupos: 3, 4, 6, 7, 22. Dezenas: 11, 15, 20, 23, 25, 87. Centenas: 088, 222, 288, 387, 411, 523, 886, 915. Milhar: 7.422. Orixá correspondente: Omolú.
GRÉCIA — Sonhar que se está na Grécia significa grande sucesso nos amores, principalmente se quem sonha é mulher. Grupos: 2, 11, 19. Dezenas: 06, 08, 42, 44, 74, 75. Centenas: 006, 044, 145, 276, 473, 742, 806, 908. Milhar: 4.004. Orixá correspondente: Obaluayê.
GREVE — Sérias preocupações de ordem monetária. Para palpites, devem

ser levados em conta os outros elementos do sonho. Orixá correspondente: Exú.

GRINALDA — Para as mulhres solteiras: rompimento de relações amorosas. Para as mulheres casadas: infidelidade. Para os homens: graves aborrecimentos. Grupos: 1, 2, 16, 19, 21. Dezenas: 05, 07, 08, 63, 73, 75, 80, 83. Centenas: 006, 281, 383, 475, 707, 807, 862. Milhar: 7.007. Orixá correspondente: Oxún.

GRITO — Ouvir um grito sem ver quem está gritando: notícia inesperada e que causará uma reviravolta em sua vida. Ver uma pessoa gritando e ouvir o grito: doença na família. Ver uma pessoa gritando e não ouvir o grito: ameaça de loucura na família. Para palpites, levar em conta os demais elementos do sonho. Convém salientar, aliás, que esses outros elementos têm grande importância para a interpretação do sonho em seu conjunto. Deve-se atentar, principalmente, para o local em que se ouve o grito (se é dentro ou fora de casa, etc.) e para a hora (se é noite ou dia). Orixá correspondente: Exú.

GRUTA — Ver uma gruta pelo lado de fora: viagem próxima e aventurosa. Estar dentro de uma gruta: notícia surpreendente dentro de pouco tempo. Essa notícia será ainda mais sensacional se a gruta for revestida de estalactites. Para palpites, devem ser levados em conta os outros elementos do sonho. Ver também caverna. Orixá correspondente: Oxalá.

GUARDA-CHUVA — Abir um guarda-chuva na chuva: Ver chuva. Abrir um guarda-chuva sem que esteja chovendo: ameaça grave. Perder um guarda-chuva: azar no jogo. Encontrar um guarda-chuva: promoção no emprego. Grupos: 9, 12, 23, 24. Dezenas: 12, 48, 58, 63, 75. Centenas: 283, 384, 492, 708. Milhar: 1.387. Orixás correspondentes: Omolú e Oxalá.

H

HARÉM — Encontrar-se num harém: para o homem, desavença na família; para a mulher, afeto correspondido. Grupos: 5, 13, 14, 17, 21. Dezenas: 05, 21, 34, 38, 47, 59. Centenas: 127, 282, 438, 548, 728. Milhar: 3.836. Orixás correspondentes: Exú e Oxún.

HARPA — Ver alguém tocando harpa: viagem a terras distantes. Tocar harpa: regresso de pessoa ausente. Ouvir o som de harpa, sem ver o instrumento: intrigas amorosas. Grupos: 1, 13, 16, 19. Dezenas: 02, 24, 35, 63, 78, Centenas: 138, 273, 384, 528, 583. Milhar: 8.203. Orixá correspondente: Oxún.

HÉLICE — Ver uma hélice girando: reviravolta na vida. Ver uma hélice parada: dificuldades sentimentais. Para palpites, vejam-se os outros elementos do sonho. V. também avião e barco. Orixá correspondente: Ogún.

HEMOPTISE — Ter uma hemoptise: acidente próximo. Ver alguém com hemoptise: doença grave. Para palpites, vejam-se os outros elementos do sonho. Orixá correspondente: Omolú.

HÉRNIA — Sonhar-se que se tem hérnia, sem a ter na realidade: atraso de vida. Ver outra pessoa de hérnia: dificuldades transitórias. Grupos: 4, 6, 8, 11. Dezenas: 13, 23, 30, 42, 44. Centenas: 014, 244, 442, 530, 614, 812, 932. Milhar: 5.930. Orixá correspondente: Obaluayê.

HIERÓGLIFO — Complicações sentimentais. Grupos: 1, 8, 19. Dezenas: 01, 31, 74, 76. Centenas: 001, 304, 575, 732, 901. Milhar: 8.403. Orixá correspondente: Exú.

HIPNOTISMO — Os sonhos em que somos hipnotizados ou hipnotizamos outras pessoas devem ser interpretados com todo o cuidado: o que se faz, no sonho, em estado hipnótico deve ser interpretado ao contrário. Assim, por exemplo, se somos hipnotizados no sonho e acreditamos ter uma hérnia que não temos, isso significa progresso e não atraso de vida. Orixá correspondente: Ogún.

HORTA — Ver uma horta: situação financeira desafogada. Plantar uma horta: progresso na vida. Colher hortaliças, de um modo geral: lucros nos negócios. V., porém, cada hortaliça separadamente, e também para palpites. Orixá correspondente: Ossaiyn.

HORTELÃ — Sonho favorável, indicando sorte nos amores ou nos negócios, de acordo com os outros lementos do sonho. Grupos: 4, 6, 7, 14, 19. Dezenas: 15, 23, 25, 27, 55, 75. Centenas: 055, 076, 124, 255, 473, 723, 914. Milhar: 6.355. Orixá correspondente: Exú.

HOSPÍCIO — Ver um hospício de fora: complicações sentimentais. Estar dentro de um hospício: transtorno na vida. Estar saindo de um hospício: dificuldades superadas. Ver uma pessoa conhecida entrar num hospício: desilusão sentimental. Ver uma pessoa desconhecida entrar num hospício: desavenças. Para palpites, vejam-se os outros elementos do sonho. Orixá correspondente: Omolú.

HOSPITAL — Ver um hospital do lado de fora: restabelecimento de pessoa doente. Estar visitando um hospital: Luto na família. Grupos: 3, 5, 7, 21. Dezenas: 17, 26, 32, 48, 73. Centenas: 283, 383, 831, 882, 903. Milhar: 1.277. Orixás correspondentes: Exú e Omolú.

HOTEL — Ver um hotel do lado de fora: notícia de pessoa ausente. Estar hospedado num hotel: realização de um negócio lucrativo. Estar saindo de um hotel: reviravolta na vida. Ser dono de um hotel: infidelidade conjugal. Grupos: 2, 10, 11, 13, 18. Dezenas: 12, 34, 57, 63. Centenas: 085, 128, 383, 846. Milhar: 2.830. Orixá correspondente: Exú.

I

IGREJA — Ver uma igreja do lado de fora: sorte no jogo. Estrar numa igreja: bons negócios. Sair de uma igreja: prejuízos nos negócios. Grupos: 1, 2, 7, 13. Dezenas: 04, 15, 27, 36, 58. Centenas: 128, 159, 463, 654, 725. Milhar: 0.737. Orixás correspondentes: Exú e Oxalá.

ILHA — Avistar uma ou mais de uma ilha: se for no mar, viagem, tanto mais demorada e distante quanto maior for o número de ilhas; se for num rio ou num lago, mudança de residência. Morar numa ilha deserta: amor não correspondido. Grupos: 2, 3, 15, 23. Dezenas: 04, 15, 27, 36, 58. Centenas: 128, 159, 463, 654, 983, 994. Milhar: 8.367. Orixás correspondentes: Omolú e Ogún.

ÍMÃ — Sonho favorável, principalmente para os namorados, indicando amor correspondido. Contudo, devem ser atentamente examinados os outros elementos do sonho, para uma interpretação satisfatória. Grupos: 2, 4, 12, 21, 23. Dezenas: 07, 14, 45, 47, 83, 91. Centenas: 021, 346, 706, 847, 905. Milhar: 4.046. Orixá correspondente: Exú.

IMAGEM — Ver uma imagem: amor correspondido. Ver a queda de uma imagem: ameaça que pesa sobre a pessoa amada. Grupos: 2, 3, 7, 16. Dezenas: 36, 54, 58, 77, 81. Centenas: 401, 431, 457, 554, 586. Milhar: 2.003. Orixá correspondente: Ossaiyn.

INCENSO — Sonho sempre favorável, indicando tranqüilidade na vida, harmonia conjugal. Grupos: 2, 3, 4, 16. Dezenas: 06, 08, 09, 13. Centenas: 006, 009, 364, 463, 808, 862, 905. Milhar: 3.409. Orixá correspondente: Yemanjá.

INCHAÇÃO — Estar inchado: prosperidade. Ver outra pessoa com inchação: prejuízo. Grupos: 6, 8, 12, 24. Dezenas: 25, 36, 47, 58, 62, 86. Centenas: 127, 148, 276, 384, 576. Milhar: 1.376. Orixá correspondente: Obaluayê.

ÍNDIO — Ver um ou mais de um índio: agitações, tanto mais fortes quanto maior for o número de índios, mas que serão, dentro de algum tempo, superadas. Ver-se perseguido por índios: dificuldades financeiras. Ver alguém perseguido por índios: calúnias desmascaradas. Grupos: 5, 10, 22, 24. Dezenas: 18, 39, 40, 87, 95. Centenas: 017, 439, 518, 620, 794, 718. Milhar: 7.318. Orixá correspondente: Ogún.

INFERNO — Avistar o inferno: decepções. Estar no inferno: traições de falsos amigos. Sair do inferno: sorte no jogo. Grupos: 6, 9, 21, 23. Dezenas: 35, 38, 47, 57, 72, 78, 81. Centenas: 127, 376, 404, 508. Milhar: 1.377. Orixá correspondente: Exú.

INGLÊS — Ver ou conversar com um inglês: atraso na vida. Sonhar que se é inglês: doença na família. Grupos: 5, 14, 16. Dezenas: 18, 20, 55, 63. Centenas: 018, 020, 455, 554, 664, 862. Milhar: 2.020. Orixá correspondente: Xangô.

INHAME — Comer inhame: sorte no jogo. Cozinhar inhame: sorte nos negócios. Plantar inhame: êxito nos negócios, mas somente após muitos esforços. Colher inhame: êxito nos negócios, mas devendo se precaver contra a ambição de falsos amigos. Ver outra pessoa plantando, colhendo, cozinhando ou comendo inhame: inveja. Grupos: 1, 9, 20, 22. Dezenas: 01, 03, 34, 36, 80, 87, 88. Centenas: 002, 003, 085, 333, 386, 401, 534, 680, 688, 734. Milhar: 3.301. Orixá correspondente: Ogún.

INSULTAR — Ser insultado por alguém: doença, provavelmente do coração. Insultar alguém: viagem inesperada. Grupos: 6, 9, 16, 17, 21. Dezenas: 38, 48, 78, 88, 90. Centenas: 233, 463, 778, 829. Milhar: 8.371. Orixá correspondente: Exú.

INUNDAÇÃO — Ver uma inundação: mudança de domicílio. Grupos: 9, 15, 18, 23. Dezenas: 14, 28, 32, 38, 63, 69. Centenas: 283, 473, 638, 782, 793, 810. Milhar: 1.376. Orixá correspondente: Xangô.

IRMÃO — Sonhar que se é irmão de pessoa de quem não se é na realidade: sonho muito desfavorável, indicando grave ameaça de enfermidade, possivelmente mental. Para palpites, vejam-se os outros elementos do sonho. Orixá correspondente: Omolú.

J

JABUTICABA — É sempre um sonho de mau agouro: significa luto na família. Grupos: 2, 3, 7, 25. Dezenas: 38, 44, 57, 71, 87. Centenas: 113, 204, 483, 745. Milhar: 1.967. Orixá correspondente: Xangô.

JACA — Ver uma jaca no pé: doença na família. Ver uma jaca fora do pé: doença. Colher uma jaca: doença grave. Comer jaca: ameaça de morte. Grupos: 02, 12, 16, 20. Dezenas: 51, 83, 87, 92. Centena: 002, 004, 091, 430, 490, 592, 603. Milhar: 7.936. Orixá correspondente: Omolú.

JACARÉ — Ver um jacaré dentro da água: perigo iminente. Ver um jacaré fora da água: perigo vencido. Ser atacado por um jacaré: cilada de inimigos. Matar um jacaré: viagem por mar. Grupo: 15 e respectivas dezenas e centenas. Milhar preferível: 0.060. Orixá correspondente: Ogún.

JANELA — Ver alguém à janela: noivado ou casamento próximo. Estar à janela: regresso de pessoa ausente. Pular uma janela: discórdia na família. Abrir uma janela: doença. Fechar uma janela: desgostos. Grupos: 4, 14, 17. Dezenas: 38, 48, 71, 76, 84. Centenas: 386, 405, 542, 628, 728. Milhar: 4.836. Orixá correspondente: Oxumarê.

JANGADA — Ver uma jangada em terra: ameaças ocultas. Ver uma jangada no mar: superação de dificuldades. Estar navegando numa jangada: novos rumos na vida. Para palpites: ver barco. Orixá correspondente: Ossaiyn.

JARDIM — Ver um jardim: casamento ou noivado próximo. Estar dentro de um jardim: melhoria de situação financeira. Sair de um jardim: prejuízos de pouca monta. Grupos: 4, 6, 7, 19. Dezenas: 04, 08, 28, 38, 73, 87. Centenas: 128, 383, 473, 738. Milhar: 0.483. Orixá correspondente: Oxumarê.

JASMIM — Sonho sempre favorável, principalmente para os namorados. Para palpites, vejam-se os outros elementos do sonho. Orixá correspondente: Omolú.

JAVALI — Ver um javali: dificuldades superáveis. Ser atacado por um javali: maquinações de inimigos. Matar um javali: vitória sobre inimigos. Grupo: 18 e respectivas dezenas e centenas. Milhar: 9.769. Orixá correspondente: Ogún.

JÓIA — Ganhar uma jóia de presente: para os homens, desilução: para as mulheres, sorte no casamento. Dar uma jóia de presente: para os homens, dificuldades finaneiras; para as mulheres: êxito nos empreendimentos. Ver também anel, que não é abrangido nesta significação. Grupos: 1, 8, 9, 19. Dezenas: 13, 48, 67, 72, 79. Centenas: 138, 483, 838, 884. Milhar: 8.376. Orixá correspondente: Omolú.

JÓQUEI — Ver um jóquei montado a cavalo: prejuízo. Vê-lo cair do cavalo: briga em família. Ver um jóquei a pé: embaraços financeiros. Sonhar que se é jóquei, sem o ser na realidade: complicações com a justiça. Grupos: 3, 6, 11, 24. Dezenas: 30, 46, 56, 76. Centenas: 038, 483, 838, 903. Milhar: 8.373. Orixá correspondente: Oxóssi.

JORNAL — Ler um jornal: viagem próxima. Ter um jornal na mão, sem ler: mudança de residência. Comprar um jornal: complicações nos negócios. Ver outra pessoa com jornal: dificuldades superadas. Grupos: 1, 3, 5, 24. Dezenas: 04, 11, 12, 18, 20, 94, 96. Centenas: 003, 004, 095, 411, 520, 619, 696, 893, 918. Milhar: 3.411. Orixá correspondente: Yemanjá.

JORNALISTA — Sonhar que se é jornalista, sem o ser na realidade: complicações, provavelmente sentimentais. Pelpites iguais aos de jornal. Orixá correspondente: Xangô.

JUDEU — Conversar ou apenas ver um judeu: sorte nos negócios e no amor. Grupos: 2, 14, 15, 18. Dezenas: 28, 37, 58, 82. Centenas: 383, 837, 895, 938. Milhar: 1.838. Orixá correspondente: Ogún.

JUIZ — Ver um juiz: aborrecimentos. Ver um juiz sentenciando: atraso na vida. Grupos: 1, 8, 12, 16, 23. Dezenas: 08, 16, 48, 86. Centenas: 083, 093, 382, 483, 490, 563. Milhar: 1.373. Orixá correspondente: Xangô.

JÚRI — Assistir a uma sessão de júri: doença. Participar de um júri: doença grave. Ser réu numa sessão de júri: ameaça de morte. Palpites iguais aos de juiz. Orixá correspondente: Xangô.

L

LÃ — Ver lã em qualquer quantidade: êxito nos negócios, tanto maior quanto maior for a quantidade de lã. Pegar em lã: sorte no jogo e principalmente na loteria. Grupos: 6, 7, 8. Dezenas: 21, 24, 25, 28, 29, 32. Centenas: 332, 421, 624, 729, 929. Milhar: 3.429. Orixá correspondente: Xangô.

LABIRINTO — Ver-se perdido num labirinto, sozinho: ameaça de enfermidade mental. Ver-se perdido num labirinto, em companhia de outra pessoa: ameaça de enfermidade mental na família. Sair de um labirinto: maquinações de inimigos desmascaradas. Grupos: 5, 14, 19, 21. Dezenas: 20, 56, 73, 74, 80. Centenas: 080, 456, 555, 619, 881. Milhar: 3.520. Orixá correspondente: Ogún.

LABORATÓRIO — Ver um laboratório: enfermidade. Estar dentro de um laboratório: restabelecimento de pessoa doente. Grupos: 5, 13, 14, 22. Dezenas: 28, 38, 48, 56, 73. Centenas: 382, 392, 428, 572, 729. Milhar: 4.830. Orixá correspondente: Oxóssi.

LAÇO — Ver um laço: aborrecimentos. Ver alguém apanhado por um laço: doença na família. Ser apanhado por um laço: infidelidade conjugal. Grupos: 9, 15, 16, 22, 23. Dezenas: 23, 64, 82, 88, 91, 87. Centenas: 038, 386, 828, 928. Milhar: 0.483. Orixá correspondente: Omolú.

LADEIRA — Subir uma ladeira sozinho: rumo favorável nos negócios. Subir uma ladeira em companhia de outra pessoa: rumos favoráveis nos negócios, mas com altos e baixos. Descer uma ladeira: rumo desfavorável nos negócios. Grupos: 3, 5, 6. Dezenas: 10, 12, 18, 19, 20. Centenas: 008, 310, 418, 520, 708, 919. Milhar: 3.418. Orixá correspondente: Exú.

LADRÃO — Entrar um ladrão em nossa casa: melhoria de situação financeira. Ver um ladrão entrando em casa alheia: complicações com a justiça. Ferir, matar ou prender um ladrão: cilada de um inimigo. Grupos: 1, 2, 14, 21, 22. Dezenas: 38, 47, 53, 62, 78. Centenas: 004, 047, 273, 357.

Milhar: 0.108. Orixá correspondente: Exú.
LAGARTA — Ver uma lagarta: aborrecimentos. Matar uma lagarta: viagem inesperada. Grupos: 9, 15. Dezenas: 03, 28, 38, 47, 58. Centenas: 038, 147, 283, 637, 775. Milhar: 3.857. Orixá correspondente: Oxumarê.
LAGARTO — É sempre indício de sorte no jogo e nos negócios. Grupos: 9, 15. Dezenas: 37, 47, 58, 69. Centenas: 099, 179, 445, 745, 819. Milhar: 1.950. Orixá correspondente: Nanã.
LAGO — Avistar um lago: mudança de residência ou domicílio. Navegar num lago: notícia inesperada e favorável. Grupos: 3, 15, 19. Dezenas: 38, 82, 86, 89. Centenas: 035, 429, 593, 825, 928. Milhar: 9.521. Orixá correspondente: Oxúm.
LAMA — Atolar-se no barro ou na lama: calúnias de falsos amigos irão acarretar-lhe situações sumamente desagradáveis. Estar com as mãos sujas de lama: profundos desgostos, provavelmente por questões de família, mas sendo também possível que se prendam a negócios. Estar com os sapatos sujos de lama: desmascaramento de calúnias e intrigas, mas somente após gravíssimos desgostos e rompimento com pessoa em quem se depositava confiança. Grupos: 3, 4, 9, 22, 23. Dezenas: 11, 14, 34, 35, 86, 90. Centenas: 013, 090, 234, 335, 434, 613, 786, 990. Milhar: 3.413. Orixá correspondente: Nanã.
LÂMPADA — Ver uma ou mais de uma lâmpada acesa: aborrecimento, tanto maiores quanto maior for o número de lâmpadas. Ver uma ou mais de uma lâmpada apagada: doença na família, tanto mais grave, quanto maior for o número de lâmpadas. Acender uma lâmpada: restabelecimento de pessoa enferma. Apagar uma lâmpada. Grupos: 18, 20. Dezenas: 05, 38, 47, 48, 57, 62, 80. Centenas: 007, 273, 564, 692. Milhar: 0.386. Orixás correspondentes: Exú e Oxalá.
LÁPIS — Para os homens: azar no jogo. Para as mulheres: desilusões amorosas. Grupos: 1, 9, 14, 17. Dezenas: 28, 38, 47, 82, 88. Centenas: 038, 138, 737, 802, 885. Milhar: 2.038. Orixá correspondente: Ogún.
LAR — Raramente os sonhos se passam no próprio lar atual da pessoa que sonha. Quando isso acontece, deve-se procurar lembrar o maior número possível de detalhes, pois, em sonho desse gênero, os avisos são muito mais fortes do que nos sonhos comuns. Orixá correspondente: Xangô.
LARANJA — Ver alguém chupando laranja: lucro nos negócios. Chupar laranja: sorte no amor. Ver também fruta. Grupos: 4, 5, 9, 17, 19. Dezenas: 02, 16, 53, 56, 66, 74. Centenas: 008, 043, 263, 536, 765, 863, 883. Milhar: 8.261. Orixá correspondente: Oxóssi.
LAVADEIRA — Ver uma lavadeira: casamento próximo. Grupos: 4, 9, 15, 21. Dezenas: 48, 52, 55, 68, 72, 77, 83. Centenas: 005, 159, 373, 374,

728. Milhar: 1.728. Orixá correspondente: Ossaiyn.
LAVAR — Lavar o rosto: viagem inesperada. Lavar as mãos: discórdia. Lavar os pés: reconciliação. Ver outra pessoa lavando o rosto: regresso de pessoa ausente. Ver outra pessoa lavar as mãos: entendimento após sério mal-entendido. Ver outra pessoa lavar os pés: canseiras profícuas. Para palpites, ver os outros elementos do sonho. Orixá correspondente: Omolú.
LEÃO — Ver um leão solto: triunfo sobre inimigos. Ver um leão preso numa jaula: aumento da família. Ver uma briga de leões: intriga de falsos amigos. Grupo: 16, e respectivas dezenas e centenas. Milhar preferível: 9.063. Orixá correspondente: Xangô.
LEITE — Tirar leite de uma vaca ou de outro animal: aumento da família. Beber leite: doença sem gravidade. Entornar leite: reconciliação após desavença em família. Grupos: 6, 25. Dezenas: 19, 24, 53, 69, 75. Centenas: 038, 473, 654, 976. Milhar: 1.838. Orixá correspondente: Exú.
LEME — Indica êxito na vida, devendo, porém, o sonho ser interpretado cuidadosamente, levando-se em conta os seus outros elementos. Orixá correspondente: Ogún.
LENÇO — Lenço branco: casamento ou noivado próximo. Lenço de cor: desgostos amorosos. Lenço sujo de sangue: desastre. Lenço de renda: amor correspondido. Perder um lenço: desavenças. Achar um lenço: reconciliação. Grupos: 4, 6, 14, 20. Dezenas: 38, 48, 57, 63, 73, 82. Centenas: 138, 365, 876, 903. Milhar: 9.755. Orixá correspondente: Exú.
LENÇOL — Mau agouro. Grupos: 6, 7, 8, 23. Dezenas: 38, 76, 85, 92. Centenas: 383, 487, 563, 834. Milhar: 9.831. Orixá correspondente: Omolú.
LANTEJOULA — Indica leviandade, falta de sinceridade, por parte de pessoa íntima, mas o sonho deve ser interpretado com muito cuidado, levando-se em conta os seus outros elementos. Orixá correspondente: Ibeji (crianças).
LEQUE — Abanar-se com um leque: se for mulher, casamento feliz; se for homem, desilução amorosa. Ver uma pessoa abanando-se com um leque: se tal pessoa for do sexo feminino, amor correspondido; se for do sexo masculino, desavença séria com um amigo. Grupos: 1, 2, 19. Dezenas: 12, 18, 56, 65, 78, 83. Centenas: 058, 094, 543, 674, 700. Milhar: 0.937. Orixá correspondente: Yemanjá.
LER — Ler uma carta: regresso de pessoa ausente. Ler um jornal: viagem próxima. Ler um livro: discórdia. Ler um cartaz: notícia inesperada. Para palpites, vejam-se os outros elementos do sonho. Orixá correspondente: Xangô.
LIGA — Ver liga de mulher: infidelidade conjugal. Ver liga de homem:

grande prejuízo. Desprender-se nossa liga: profunda desilução com uma pessoa amiga. Desprender-se a liga de outra pessoa: triunfo sobre inimigos. Grupos: 1, 9, 11, 13, 16, 22. Dezenas: 12, 38, 48, 53, 65, 78. Centenas: 006, 014, 205, 338, 464, 746, 883. Milhar: 8.278. Orixá correspondente: Ogún.

LÍNGUA — Ver alguém mostrando a língua: desavenças sérias na família. Para palpites, vejam-se os outros elementos do sonho. Orixá correspondente: Exú.

LÍRIO — Indica pureza, inocência, boas intenções. O sonho deve ser interpretado levando-se em conta os seus outros elementos. Ver também flor. Orixá correspondente: Omolú.

LIVRO — Ganhar um livro: noivado ou casamento próximo. Oferecer um livro a alguém: decepção amorosa. Ler um livro: discórdia. Grupos: 2, 4, 5, 16, 22. Dezenas: 07, 08, 13, 16, 17, 19, 63, 87. Centenas: 007, 018, 288, 364, 404, 718, 788, 903. Milhar: 6.715. Orixá correspondente: Xangô.

LIXA — Grandes dificuldades pela frente. Para palpites, vejam-se os outros elementos do sonho. Orixá correspondente: Ogún.

LUA — Ver a lua: amor correspondido. Estar na lua: satisfação de um desejo oculto. Ver mais de uma lua no céu: viagem inesperada. Grupos: 2, 4, 13, 19. Dezenas: 18, 29, 45, 84, 93. Centenas: 030, 143, 230, 728. Milhar: 1.386. Orixá correspondente: Oxúm.

LUTA — Assistir-se a uma luta: sorte nos amores. Participar de uma luta: complicações sentimentais. Grupos: 5, 16, 21, 22. Dezenas: 18, 63, 82, 83, 86, 88. Centenas: 088, 164, 282, 419, 520, 764. Milhar: 0.818. Orixá correspondente: Exú.

LUTO — Estarmos de luto: desavenças sérias na família. Ver alguém de luto: perigo iminente. Grupos: 2, 6, 7, 14. Dezenas: 38, 48, 57, 62, 77. Centenas: 128, 483, 727, 833, 911. Milhar: 9.396. Orixá correspondente: Omolú.

LUVA — Calçar luvas: êxito nos amores. Ver alguém calçando luvas: amor correspondido. Perder uma luva: desgosto amoroso. Achar uma luva: satisfação de um desejo oculto. Grupos: 1, 8, 15, 25. Dezenas: 06, 09, 17, 32, 43, 72. Centenas: 127, 482, 542, 862, 728, 782. Milhar: 1.286. Orixá correspondente: Exú.

LUZ — É sempre um sonho propício. Grupos: 2, 4, 7, 19. Dezenas: 09, 12, 33, 45, 50, 52, 89. Centenas: 020, 044, 263, 653, 745, 919. Milhar: 1.949. Ver também dia e alvorada. Orixá correspondente: Oxalá.

M

MAÇÃ — Ver maçãs na macieira: riqueza próxima. Comer maçã: casamento ou noivado próximo com moça ou rapaz rico. Ver alguém comendo maçã: intrigas amorosas. Grupos: 3, 6, 7, 8, 19. Dezenas: 38, 47, 58, 86, 93. Centenas: 283, 482, 487, 582, 628, 692. Milhar: 8.728. Orixá correspondente: Oxún.

MACACO — Ver um ou mais de um macao: se os animais estiverem soltos, paixão não correspondida; se os animais estiverem presos, dificuldades financeiras. Ser atacado por um ou mais de um macaco: cilada de inimigos. Ver uma pessoa transformar-se em macaco: sonho muito mau, sinal de loucura na família. Grupo: 17, e respectivas dezenas e centenas. Milhar preferível: 1.366. Orixá correspondente: Exú.

MACARRÃO — Comer macarrão: doença em pessoa da família. Ver alguém comendo macarrão: dificuldades monetárias. Ver apenas o macarrão, sem comê-lo: dificuldades de pequena monta. Grupos: 1, 9, 13, 24. Dezenas: 12, 13, 73, 78, 81, 86. Centenas: 283, 483, 831, 883, 948. Milhar: 8.376. Orixá correspondente: Omolú.

MACHADO — Manejar um machado: vitória sobre inimigos, porém após graves preocupações e muitos esforços. Ferir-se com um machado: cilada de inimigos. Ver alguém manejando um machado: viagem inesperada, por motivos desagradáveis. Grupos: 3, 8, 11, 15. Dezenas: 27, 34, 46, 52, 68, 77. Centenas: 283, 438, 483, 628. Milhar: 0.383. Orixá correspondente: Xangô.

MÃE-D'ÁGUA — Sonhar com a mãe-d'água é, em via de regra, favorável, indicando que será satisfeito um desejo acalentado quase sem esperança. Devem, contudo, ser levados em conta, atentamente, os outros elementos do sonho. Grupos: 9, 15, 16, 17. Dezenas: 35, 59, 62, 66, 68. Centenas: 066, 433, 458, 558, 666, 934. Milhar: 3.362. Orixá correspondente: Yemanjá.

MANTEIGA — Comprar manteiga: desilusão amorosa. Vender manteiga: dificuldades financeiras. Ter as mãos sujas de manteiga: revelação de um segredo. Sujar a roupa de manteiga: noivado ou namoro desfeito, ou desquite. Grupos: 6, 18, 25. Dezenas: 06, 54, 62, 68, 73, 79, 81. Centenas: 283, 483, 638, 682, 728. Milhar: 8.472. Orixá correspondente: Oxúm

MÃO — Ver uma pessoa sem mão: catástrofe financeira. Ver uma ou duas mãos se movendo separadas do corpo: doença grave da própria pessoa. Ver várias mãos movendo-se separadas do corpo: doença grave em pessoa da família. Se as mãos separadas do corpo estiverem imóveis: doença não muito grave. Grupos: 10, 17, 21. Dezenas: 16, 37, 63, 72, 76. Centenas: 006, 137, 383, 483, 838. Milhar: 0.386. Orixá correspondente: Ogún.

MÁQUINAS — Qualquer forma de máquina significa prejuízo ou perda de emprego. Contudo, quando se trata de mulher, sonhar com máquina de costura representa casamento ou noivado próximo para as solteiras, e aumento de prole para as casadas. Grupos: 1, 4, 8, 10, 11, 21. Dezenas: 04, 23, 43, 54, 73, 86. Centenas: 138, 483, 836, 838, 911. Milhar: 3.847. Orixá correspondente: Exú.

MAR — Avistar o mar calmo: viagem próxima. Avistar o mar agitado: perigos inesperados. V. também afogar, nadar e navio. Grupos: 1, 9, 15, 17. Dezenas: 32, 37, 38, 42, 57, 61. Centenas: 037, 437, 675, 705. Milhar: 1.383. Orixá correspondente: Yemanjá.

MARINHEIRO — Ver ou conversar com um ou mais de um marinheiro: viagem, tanto mais longe quanto maior for o número de marinheiros. Sonhar que se é marinheiro, sem o ser na realidade: decepções amorosas. Grupos: 4, 7, 10, 13, 17. Dezenas: 08, 20, 35, 43, 60, 82. Centenas: 137, 283, 438, 601. Milhãr: 1.064. Orixá correspondente: Yemanjá.

MARTELO — Manejar um martelo: completa reviravolta na vida. Ver alguém manejando um martelo: mau agouro. Grupos: 1, 7, 8, 16, 21. Dezenas: 04, 17, 28, 34, 72. Centenas: 038, 472, 502, 582. Milhãr: 0.034. Orixá correspondente: Xangô.

MÁSCARA — Ver um ou mais de um mascarado: traição de amigos ou infidelidade conjugal, tanto mais grave quanto maior for o número de mascarados. Usar máscara: desavença doméstica muito séria. Tirar a máscara ou ver alguém tirando a máscara: mau agouro. Grupos: 4, 5, 17, 23. Dezenas: 01, 06, 31, 37, 42, 48. Centenas: 238, 347, 456, 738. Milhar: 5.432. Orixá correspondente: Exú.

MATAR — Matar ou ver alguém matando um inseto: triunfo sobre inimigos. Ver também assassinato e caçada. Para palpites, levar em consideração os outros elementos do sonho. Orixá correspondente: Ogún.

MATE — Beber mate: grande melhoria na situação econômica. Grupos: 1, 4, 11, 24. Dezenas: 38, 41, 43, 58, 90. Centenas: 004, 037, 483, 738, 829. Milhar: 1.389. Orixá correspondente: Omolú.

MEDALHA — Encontrar uma medalha: viagem inesperada. Perder uma medalha: dificuldades financeiras. Ser condecorado: doença grave. Comprar ou vender uma medalha: traição de falsos amigos. Grupos: 2, 5, 6, 18, 24. Dezenas: 28, 31, 42, 47, 72, 82. Centenas: 138, 483, 654, 672, 678, 872. Milhar: 4.837. Orixá correspondente: Oxóssi.

MEIA — Calçar meia: dificuldades econômicas. Descalçar meia: desavença na família. Ver alguém calçando ou descalçando meia: intrigas de falsos amigos. Comprar ou vender meia: mudança de estado civil. Grupos: 3, 5, 14, 16. Dezenas: 23, 38, 47, 82, 83, 91. Centenas: 038, 483, 538, 602, 735. Milhar: 4.831. Orixá correspondente: Oxún.

MEL — Sonho sempre favorável, indicando tranqüilidade no lar, sorte nos amores, etc. Somente quando se sonha que se entorna mel o significado é diferente. Ver entornar. Para palpites, ver abelha. Orixás correspondentes: Oxóssi e Oxún.

MELANCIA — Ver uma melancia: dificuldades facilmente superáveis. Comprar ou ganhar uma melancia: dificuldades que somente serão superadas depois de esforço prolongado. Partir uma melancia: superação de dificuldades. Para o mais, ver fruta. Orixá correspondente: Yemanjá.

MENDIGO — Ver um mendigo: desavença na família. Ser um mendigo: reviravolta na vida. Dar esmola a um mendigo: sorte no jogo. Grupos: 1, 4, 6, 7, 18. Dezenas: 01, 09, 21, 37, 48, 72. Centenas: 263, 392, 428, 482, 828. Milhar: 2.847. Orixá correspondente: Omolú.

MESA — Ver uma mesa posta: perda de emprego. Ver uma mesa vazia: falecimento de parente ou amigo. Estar deitado em cima de uma mesa: mau agouro. Grupos: 3, 4, 6, 7, 18, 21. Dezenas: 13, 73, 78, 82, 91, 98. Centenas: 128, 384, 385, 482, 490, 673. Milhar: 8.275. Orixá correspondente: Xangô.

MILHO — Plantar milho: êxito nos negócios. Colher milho: sucesso em todos os empreendimentos. Debulhar milho: vitória sobre maquinações de inimigos. Comer milho: despesas excessivas, que poderão acarretar problemas financeiros no futuro. Grupos: 3, 10, 11. Dezenas: 09, 12, 39, 43, 44. Centenas: 009, 039, 042, 343, 439, 509, 544, 643, 812. Milhar: 9.711. Orixá correspondente: Oxóssi.

MILITAR — Ver um ou mais de um militar: decepção amorosa, tanto mais grave quanto maior for o número de militares. Ver um desfile militar: escândalo. Ser militar, no sonho, sem o ser na realidade: dificuldades em conseqüência de uma intriga amorosa. Grupos: 7, 15, 17, 23. Dezenas: 17, 36, 46, 65, 77, 93. Centenas: 038, 483, 737, 882, 902, 993. Milhar: 1.383. Orixá correspondente: Ogún.

MINERAÇÃO — Assistir a trabalhos de mineração: impossibilidade de alcançar os ideais que acalenta no momento. Participar dos trabalhos de mineração: alcançará seus ideais, mas somente após prolongados e árduos esforços. Grupos: 2, 4, 19. Dezenas: 06, 08, 13, 15, 75, 76. Centenas: 005, 074, 314, 377, 806, 908, 914, 976. Milhar: 8.205. Orixá correspondente: Oxumarê.

MINISTRO — Ser ministro: dificuldades financeiras. Ver ou conversar com um ministro: prejuízo nos negócios. Grupos: 1, 3, 8, 18, 24. Dezenas: 03, 08, 21, 36, 47, 66, 73. Centenas: 328, 438, 484, 562. Milhar: 1.664. Orixá correspondente: Xangô.

MIRRA — Sonho sempre favorável, indicando tranqüilidade na vida, harmonia conjugal, etc. Para palpites, devem ser levados em consideração os outros elementos do sonho. Orixá correspondente: Ogún.

MISSA — Assistir à missa: doença na família. Celebrar uma missa: profunda desilução amorosa. Grupos: 3, 7, 10, 19. Dezenas: 05, 16, 33, 53, 77. Centenas: 138, 433, 765, 781. Milhar: 1.873. Orixá correspondente: Ossaiyn.

MISSAL — Sonho sempre favorável, indicando tranqüilidade de espírito, paz de consciência, etc. Para palpites, devem ser levados em conta os outros elementos do sonho. Orixá correspondente: Oxumarê.

MITRA — Ver um bispo com mitra na cabeça: para as pessoas solteiras, casamento próximo; para as casadas, aumento de prole. Ver uma mitra fora da cabeça de um bispo: desavenças na família. Ter uma mitra na cabeça: profundo desgosto, provocado por questões de família. Grupos: 2, 7, 16. Dezenas: 07, 08, 25, 27, 28, 53. Centenas: 007, 224, 308, 627, 652, 925. Milhar: 3.425. Orixá correspondente: Oxalá.

MOBÍLIA — Comprar mobília: casamento próximo. Vender mobília: noivado desfeito ou desquite. Grupos: 7, 8, 13, 17. Dezenas: 12, 16, 37, 44, 76, 82. Centenas: 122, 438, 775, 829. Milhar: 1.388. Orixá correspondente: Xangô.

MOEDA — Encontrar uma ou mais de uma moeda: dificuldades superadas. Perder uma ou mais de uma moeda: partida de falsos amigos. Grupos: 1, 13, 14, 21, 22. Dezenas: 17, 55, 62, 66, 72, 78. Centenas: 128, 383, 837, 839, 990. Milhar: 1.286. Orixá correspondente: Xangô.

MOFO — Ver roupas, alimentos, etc., mofados: dificuldades imprevistas ameaçam seus planos de progresso. Grupos: 1, 4, 15, 21. Dezenas: 03, 04, 13, 58, 81. Centenas: 002, 058, 380, 457, 904. Milhar: 1.381. Orixá correspondente: Exú.

MOINHO — Ver um ou mais de um moinho: se for moinho de vento, viagem, tanto mais longe quanto maior for o número de moinhos; novas amizades, se for moinho de água. Estar morando num moinho: satisfação de um desejo oculto. Grupos: 3, 6, 10, 12. Dezenas: 00, 12, 33, 82, 87, 94. Centenas: 148, 383, 836, 933. Milhar: 1.381. Orixá correspondente: Oxalá.

MONSTRO — Tem sempre significado mau: perda de emprego, prejuízos ou doenças. Grupos: 1, 12, 22, 23. Dezenas: 43, 73, 87, 97, 98. Centenas: 138, 327, 406, 453, 765. Milhar: 1.280. Orixás correspondente: Ogún e Exú.

MONTANHA — Ver uma montanha ao longe: viagem inesperada. Galgar uma montanha: melhoria de situação financeira. Descer uma montanha: doença. Grupos: 1, 2, 8, 12, 23. Dezenas: 01, 07, 31, 44, 57, 72, 82. Centenas: 083, 128, 482, 828, 862, 913. Milhar: 1.073. Orixá correspondente: Oxóssi.

MORANGO — Sonho favorável, indicando realização dos desejos e tranquilidade de vida. Para os demais, ver fruta. Orixá correspondente: Oxún.

MORCEGO — Ver morcegos: desgosto profundo, tanto mais profundo quanto maior for o número de morcegos (provavelmente morte de um ente querido). Ter o sangue sugado por um morcego: perigo gravíssimo e iminente. Grupos: 3, 9, 15, 22. Dezenas: 16, 17, 37, 56, 66, 77, 81. Centenas: 077, 387, 438, 788, 873. Milhar: 1.386. Orixá correspondente: Omolú.

MORDAÇA — Estar amordaçado: desgostos causados pela maquinação de falsos amigos. Amordaçar um animal: doença grave na família. Amordaçar uma pessoa: dificuldades superadas. Grupos: 3, 7, 10, 11, 23. Dezenas: 17, 32, 37, 43, 47, 76. Centenas: 006, 381, 483, 836, 897. Milhar: 1.871. Orixá correspondente: Obaluayê.

MORINGA — Beber água por uma moringa: tranqüilidade no lar. Servir água a outra pessoa por meio de uma moringa: desavenças conjugais, a não ser quando a pessoa a qual se serve água é cônjuge da pessoa que sonha. Quebrar uma moringa: sérias desavenças conjugais. Grupos: 1, 6, 7, 15. Dezenas: 03, 04, 23, 28, 58. Centenas: 003, 358, 457, 702, 823, 858. Milhar: 9.702. Orixá correspondente: Xangô.

MORTE — Estar morto ou morrendo: doença sem gravidade. Ver uma pessoa morta ou morrendo: ver defunto. Grupos: 4, 7, 16, 22. Dezenas: 18, 54, 57, 63, 68. Centenas: 328, 527, 584, 876, 881. Milhar: 1.890. Orixás correspondentes: Ogún e Omolú.

MOSAICO — Indica complicações na vida, principalmente de origem sentimental. O sonho desse gênero, contudo, deve ser interpretado cuidadosamente, levando-se em conta os seus outros elementos. Também no que diz respeito aos palpites, esses outros elementos é que devem ser tomados em consideração. Orixá correspondente: Xangô.

MOSCA — Ver moscas: perseguições de inimigos, tanto mais perigosas quanto maior for o número de moscas e mais perto estejam elas de nós. Grupos: 4, 5, 14, 17, 18. Dezenas: 18, 37, 43, 65. Centenas: 128, 384, 767, 854. Milhar: 0.306. Orixá correspondente: Exú.

MOSQUITEIRO — Seus inimigos cairão nas próprias ciladas que lhe ar-

marem. Grupos: 4, 19, 20. Dezenas: 13, 14, 73, 76, 78, 80. Centenas: 015, 076, 380, 415, 776, 780, 913. Milhar: 1.313. Orixá correspondente: Ogún.
MOSTARDA — Atritos na família ou na profissão, porém sem grandes conseqüências. Para palpites, devem ser levados em consideração os outros elementos do sonho. Orixá correspondente: Exú.
MUDANÇA — Mudança de casa no sonho significa probabilidade de viagem. Os sonhos desse gênero, porém, devem ser interpretados com cuidado, levando-se em conta os seus outros elementos. Também no que diz respeito aos palpites, são esses elementos que devem ser considerados. Orixá correspondente: Xangô.
MUDO — Sentir-se mudo: dificuldades momentâneas. Ver um mudo falar: sorte no jogo, durante três dias, aproximadamente. Grupos: 3, 6, 14, 24. Dezenas: 16, 32, 48, 72, 79, 88. Centenas: 165, 233, 406, 719, 888. Milhar: 0.535. Orixá correspondente: Oxóssi.
MULATO — Ver mulato: sorte no jogo durante alguns dias. Sonhar que se é mulato ou mulata, sem o ser na realidade: sorte nos amores. Grupos: 2, 13, 14, 21. Dezenas: 08, 51, 55, 83. Centenas: 007, 052, 313, 582, 716, 882, 908. Milhar: 7.213. Orixás correspondentes: Ogún e Exú.
MULETA — Ver muletas: doença próxima. Andar com muletas: dificuldades financeiras. Ganhar uma muleta de presente: mau agouro. Dar a alguém uma muleta: desavença com pessoa amiga. Grupos: 1, 6, 10, 16, 17. Dezenas: 12, 37, 64, 76, 81, 93. Centenas: 037, 627, 726, 782, 828. Milhar: 3.846. Orixá correspondente: Omolú.
MÚMIA — Ver um ou mais de um ser humano mumificado: ameaça que paira sobre pessoa da família. Ver um animal mumificado: intrigas sem grandes conseqüências. Ver múmia humana ser desenrerrada: revelação de um segredo de graves conseqüências. Para palpites, levar em consideração os outros elementos do sonho. Orixá correspondente: Obaluayê.
MURO — Assistir à construção de um muro: grande atraso na vida. Construir um muro: dificuldades superadas. Ver um muro desmoronar-se: mudança de vida. Derrubar um muro: viagem inesperada. Grupos: 4, 13, 14, 20. Dezenas: 14, 28, 35, 53, 61, 68. Centenas: 128, 383, 385, 753, 828. Milhar: 1.861. Orixá correspondente: Ogún.

N

NABO — Ver nabos: desgostos na família. Comer nabos: infidelidade conjugal. Comprar ou vender nabos: noivado desmanchado ou desquite. Grupos: 10, 11, 12, 17. Dezenas: 13, 88, 91, 93, 94. Centenas: 038, 138, 453, 652, 697. Milhar: 1.902. Orixá correspondente: Ogún.

NADAR — Estar nadando num rio: regresso de uma pessoa ausente. Estar nadando no mar: amor correspondido. Grupos: 9, 12, 15, 25. Dezenas: 07, 09, 55, 57, 85. Centenas: 129, 245, 542, 638, 829. Milhar: 2.591. Orixá correspondente: Oxóssi.

NARIZ — Ver uma pessoa com nariz desmesuradamente grande: aumento da família. Ver uma pessoa sem nariz: decepção amorosa. Grupos: 1, 12, 17, 18. Dezenas: 31, 74, 85, 92. Centenas: 138, 383, 734, 882, 903. Milhar: 1.286. Orixá correspondente: Ossaiyn.

NASCIMENTO — Assistir ao nascimento de um ser humano: sérios aborrecimentos motivados por divergências no seio da família, com possibilidade de separação. Assistir ao nascimento de um animal (que não saia do ovo): aborrecimento devido a intrigas e calúnias, mas que acabarão sendo superadas depois de algum tempo. Para palpites, levar em consideração os outros elementos do sonho. Ver ovo. Orixá correspondente: Oxumarê.

NATA — Sonho favorável, indicando harmonia no lar e tranquilidade na vida. Grupos: 6, 25. Dezenas: 19, 24, 53, 69, 75. Centenas: 038, 654, 976. Milhar: 3.000. Orixá correspondente: Omolú.

NAUFRÁGIO — Assistir a um naufrágio: rompimento de relações amorosas. Ser vítima de um naufrágio: desgostos de família. Grupos: 2, 7, 15, 22. Dezenas: 01, 34, 41, 52, 58, 72, 77. Centenas: 138, 286, 436, 625, 728, 828. Milhar: 1.836. Orixá correspondente: Obaluayê.

NAVIO — Ver um navio navegando: reviravolta na vida. Estar dentro de um navio: perda de emprego. Ver um navio fora da água: grande aborrecimento. Grupos: 1, 9, 12, 25. Dezenas: 08, 22, 38, 53, 67. Centenas:

114, 216, 325, 826. Milhar: 1.205. Orixá correspondente: Oxún.
NECROTÉRIO — Ver um necrotério pelo lado de fora: transtorno na vida. Estar dentro de um necrotério: ameaça iminente. Grupos: 3, 9, 16, 23. Dezenas: 11, 35, 63, 64, 81. Centenas: 061, 234, 410, 564, 635. Milhar: 3.710. Orixá correspondente: Yemanjá.
NEGRO — Ver negro: sorte no jogo, dentro de seis dias, e durando, no mínimo, uma semana. Sonhar que se é negro, sem o ser na realidade: infelicidade nos amores. Grupos: 4, 6, 8, 16, 22. Dezenas: 14, 15, 22, 30, 31, 88. Centenas: 115, 187, 330, 386, 788, 922. Milhar: 3.415. Ver também cor. Orixá correspondente: Nanã.
NEVE — Ver a neve cair: boas notícias. Ver-se coberto pela neve: desilusão amorosa. Ver um boneco de neve: traição de um amigo. Grupos: 6, 7, 21, 23. Dezenas: 03, 14, 54, 57, 76, 82. Centenas: 037, 238, 438, 543, 628. Orixá correspondente: Xangô.
NEVOEIRO — Ver tudo coberto pelo nevoeiro: dificuldades materiais e morais. Ver-se rodeado por um nevoeiro: doença prolongada. Grupos: 4, 8, 13, 20. Dezenas: 16, 36, 42, 65, 68. Centenas: 138, 736, 872, 884. Milhar: 1.802. Orixá correspondente: Yansã.
NINHO — Encontrar um ninho vazio: casamento estéril. Encontrar um ninho com filhotes de passarinho: infidelidade conjugal. Encontrar um ninho com filhotes de rato ou de outros animais: desavenças domésticas. Ver um ninho cair no chão: séria desavença na família. Grupos: 1, 2, 14, 19, 20. Dezenas: 17, 36, 42, 58, 78, 82. Centenas: 138, 483, 836, 881, 927. Milhar: 1.386. Orixá correspondente: Oxalá.
NÓ — Dar um nó: sérias complicações na família. Desfazer um nó: vitórias sobre inimigos. Não conseguir desfazer um nó: perseguições de inimigos e traições de falsos amigos. Grupos: 3, 12, 15, 23. Dezenas: 30, 46, 71, 86. Centenas: 102, 213, 305, 507. Milhar: 2.367. Orixá correspondente: Omolú.
NÓDOA — Indica aborrecimentos, provocados por intrigas e calúnias. O sonho deve, contudo, ser interpretado cautelosamente, levando-se em conta os seus outros elementos, que também servirão para os palpites. Orixá correspondente: Obaluayê.
NOITE — Ver uma noite negra e tempestuosa: dificuldades financeiras. Grupos: 5, 10, 13, 21. Dezenas: 14, 36, 42, 75, 82. Centenas: 138, 383, 628, 743. Milhar: 1.287. Ver lua e dia. Orixá correspondente: Ogún.
NOZ — Comer nozes: melhoria de situação financeira. Comprar ou vender nozes: boas notícias. Grupos: 2, 7, 11, 17. Dezenas: 07, 14, 26, 68, 73. Centenas: 090, 127, 341, 483, 675. Milhar: 4.935. Orixá correspondente: Ogún.
NUDEZ — Ver alguém nu: se for do mesmo sexo, surpresa; se for de outro

sexo, contrariedade. Ver-se nu no meio dos outros: dificuldades passageiras. Grupos: 5, 9, 13, 16. Dezenas: 18, 23, 46. Centenas: 341, 483, 675. Milhar: 4.935. Orixá correspondente: Omolú.

NUVEM — Nuvens claras: sorte nos amores. Nuvens escuras: dificuldades financeiras. Ver-se no meio das nuvens: notícia inesperada e desagradável. Grupos: 2, 4, 7, 19. Dezenas: 05, 27, 48, 63. Centenas: 126, 383, 386, 731, 827. Milhar: 7.391. Orixá correspondente: Xangô.

O

ÓCULOS — Ver alguém de óculos: desilusão amorosa. Usar óculos no sonho, sem os usar na realidade: maquinações por parte de falsos amigos. Quebrar óculos: ameaça de loucura na família. Encontrar óculos: dificuldades superadas. Grupos: 5, 7, 15, 18. Dezenas: 13, 27, 43, 58, 64. Centenas: 148, 328, 438, 582, 837. Milhar: 1.386. Orixá correspondente: Xangô.

OLHO — Ver uma ou mais de uma pessoa sem olhos: cilada de inimigos, tanto mais perigosa quanto maior for o número de pessoa sem olhos. Ver uma ou mais de uma pessoa com mais de dois olhos: vitória sobre inimigos, tanto maior quanto maior for o número de pessoas com mais de dois olhos. Para palpites, devem ser levados em consideração os outros elementos do sonho. Orixá correspondente: Omolú.

ONÇA — Ver uma ou mais de uma onça: maquinações de inimigos, tanto mais perigosas quanto maior for o número de onças. Ver-se atacado por uma ou mais de uma onça: desgostos profundos, causados pelas perseguições de inimigos. Matar uma onça: traição de um amigo. Grupos: 22, e respectivas dezenas e centenas. Milhar preferível: 3.388. Orixá correspondente: Xangô.

OPERAÇÃO — Assistir a uma operação cirúrgica: se o operado é pessoa conhecida, complicações de família; se o operado é desconhecido, complicações financeiras. Sonhar-se que se está operando alguém, sem se ser cirurgião na realidade: doença na família. Estar sendo operado: doença grave. Para palpites, devem ser levados em consideração os outros elementos do sonho. Orixá correspondente: Ogún.

ORELHA — Ver uma pessoa com orelhas excessivamente grandes: notícias inesperadas e más. Ter orelhas demasiadamente grandes: desgostos profundos, provocados por calúnias. Ver alguém sem orelhas: decepções com uma pessoa querida. Ter as orelhas cortadas: infidelidade conjugal. Grupos:

3, 10, 11. Dezenas: 23, 46, 60, 72. Centenas: 120, 285, 316, 400. Milhar: 9.770. Orixá correspondente: Xangô.

ÓRGÃO — Sonho favorável, indicando sempre tranqüilidade de espírito e harmonia conjugal, principalmente quando quem sonha se vê tocando órgão, embora não saiba tocá-lo na realidade. Grupos: 2, 4, 7, 19. Dezenas: 07, 14, 25, 28, 74, 75. Centenas: 007, 008, 073, 425, 528, 874. Milhar: 3.106. Orixá correspondente: Omolú.

ORVALHO — Ver-se coberto de orvalho: se for mulher, casamento ou noivado próximo; se for homem, sorte nos negócios. Ver outra pessoa coberta de orvalho: desilusão amorosa. Ver as plantas cobertas de orvalho: tranqüilidade de espírito. Grupos: 4, 7, 13, 14. Dezenas: 13, 16, 51, 55. Centenas: 016, 452, 655, 914. Milhar: 3.815. Orixá correspondente: Oxún.

OSSO — Ver ossos de animais: viagem inesperada e acidentada. Ver ossos de gente: doença grave. Ver os próprios ossos: luto na família. Grupos: 1, 5, 14. Dezenas: 13, 38, 52, 58, 64, 68. Centenas: 077, 117, 372, 638, 727. Milhar: 4.192. Orixá correspondente: Omolú.

OSTRA — Estar comendo ostra: êxito retumbante nos negócios. Ver outra pessoa comendo ostra: êxito moderado nos negócios. Grupos: 9, 15. Dezenas: 34, 35, 58, 59. Centenas: 060, 420, 518, 535, 716, 934. Milhar: 4.534. Orixá correspondente: Yemanjá.

OURO — Ver ouro: dificuldades financeiras, tanto maiores quanto maior for a quantidade de ouro. Fundir ouro: doença grave. Grupos: 5, 10, 14, 25. Dezenas: 18, 21, 37, 46. Centenas: 106, 423, 648. Milhar: 0.364. Orixás correspondentes: Xangô e Exú.

OVO — Ver ovos: notícias inesperadas. Comprar ovos: melhoria de situação financeira. Quebrar ovos: prejuízos. Ver uma ave sair do ovo: surpresa com referência a nós próprios ou pessoas da família. Grupos: 1, 2, 13, 20. Dezenas: 23, 41, 57, 83. Centenas: 202, 316, 395, 476. Milhar: 6.584. Orixá correspondente: Oxún.

P

PÁ — Manejar uma pá: prosperidade financeira. Ver alguém manejar uma pá: mudança de vida. Encontrar uma pá: viagem inesperada. Grupos: 4, 8, 12, 17. Dezenas: 25, 30, 45, 79. Centenas: 019, 328, 439, 638, 899. Milhar: 1.951. Orixá correspondente: Ogún.

PACA — Ver uma paca: lucro nos negócios. Matar uma paca: grande lucro nos negócios. Grupos: 10, 18, com respectivas dezenas e centenas. Milhares preferíveis: 3.439 e 8.569. Orixá correspondente: Oxóssi.

PADEIRO — Ver um padeiro fazer pão: prosperidade. Ver padeiro entregar pão: prosperidade, mas à custa de bastante esforço. Sonhar que se é padeiro, sem o ser na realidade: promoção no emprego. Grupos: 1, 6, 8, 16. Dezenas: 03, 23, 31, 32, 63. Centenas: 230, 463, 564, 732, 762, 830, 901. Milhar: 3.002. Orixá correspondente: Xangô.

PADIOLA —·· Ver alguém sendo carregado numa padiola: se é pessoa conhecida, má notícia dentro de alguns meses. Ser carregado numa padiola: doença grave. Ajudar a carregar alguém numa padiola: superação de dificuldades. Grupos: 3, 5, 8, 12. Dezenas: 11, 18, 20, 29, 31, 46. Centenas: 111, 129, 320, 445, 848. Milhar: 9.711. Orixá correspondente: Omolú.

PALCO — Ver alguém no palco: notícias de pessoa ausente. Estar num palco: decepções amorosas. Grupos: 2, 10, 15, 17. Dezenas: 08, 31, 60, 73, 88. Centenas: 005, 218, 303, 660. Milhar: 3.168. Orixá correspondente: Xangô.

PALHA — Sonhar com palha é sempre favorável, denotando êxito nos empreendimentos, lucros nos negócios, etc. Grupos: 3, 10, 11. Dezenas: 11, 38, 40, 42, 44. Centenas: 038, 444, 537, 544, 643, 740, 744, 912. Orixá correspondente: Omolú.

PALHAÇO — Ver um palhaço: desgostos na família. Sonhar que se é palhaço, sem o ser na realidade: traição conjugal. Grupos: 5, 12, 16, 23. Dezenas: 20, 34, 47, 66, 85. Centenas: 093, 268, 405, 739. Milhar: 1.277. Orixá correspondente: Ogún.

PALITO — Ver alguém palitando os dentes: decepções com pessoa amiga. Palitar os dentes: amor não correspondido. Grupos: 1, 9, 11, 21, 22. Dezenas: 04, 38, 63, 72, 78, 91. Centenas: 034, 438, 638, 884, 901. Milhar: 1.277. Orixá correspondente: Oxóssi.

PALMATÓRIA — Atraso na vida, dificuldades. Grupos: 1, 9, 16, 22. Dezenas: 04, 35, 36, 63, 87, 88. Centenas: 001, 003, 087, 435, 762, 904, 935, 988. Milhar: 7.002. Orixá correspondente: Obaluayê.

PALMITO — Comer ou ver alguém comendo palmito: melhoria de situação financeira. Grupos: 1, 3, 8, 18, 20. Dezenas: 15, 18, 32, 40, 47, 58. Centenas: 032, 130, 428, 837. Milhar: 1.062. Orixá correspondente: Ogún.

PANELA — Ver um panela no fogo: se estiver cheia, sorte no jogo; se estiver vazia, azar no jogo. Lavar uma panela: grandes dificuldades financeiras. Comer com uma panela servindo de prato: desavenças na família. Grupos: 13, 14, 18, 20. Dezenas: 16, 42, 50, 57, 72, 78. Centenas: 130, 428, 501, 765, 837. Milhar: 9.263. Orixá correspondente: Oxún.

PÂNTANO — Avistar um pântano: cilada e traições, que poderão, contudo, ser evitadas. Estar atravessando um pântano: ciladas e traições. Atravessar um pântano: triunfo sobre ciladas e traições. Grupos: 5, 9, 15. Dezenas: 18, 20, 34, 36, 59. Centenas: 035, 118, 336, 360, 420, 634, 658, 918. Milhar: 3.420. Orixá correspondente: Nanã.

PÃO — Comer pão: prosperidade. Ver alguém comendo pão: viagem. Dar pão a uma pessoa: reconciliação. Dar pão a um animal: regresso inesperado de pessoa querida. Grupos: 1, 7, 8, 20. Dezenas: 32, 43, 57, 58, 74, 92. Centenas: 076, 421, 653, 774, 831. Milhar: 8.010. Orixá correspondente: Oxalá.

PAPA — Ver o Papa de longe: viagem por terras distantes. Ver o Papa de perto e conversar com ele: reviravolta na vida. Ser Papa: mudança para outra cidade. Grupos: 1, 7, 10, 16, 21. Dezenas: 08, 21, 43, 48, 53, 75, 88. Centenas: 041, 444, 561, 782, 827. Milhar: 3.342. Orixá correspondente: Oxalá.

PAPAGAIO — Ver ave. Ver um papagaio de papel no ar: melhoria de situação econômica. Soltar um papagaio de papel: surpresa agradável. Grupos: 4, 6, 13, 17. Dezenas: 42, 48, 53, 57, 66, 73. Centenas: 183, 222, 384, 837, 927. Milhar: 3.064. Orixá correspondente: Ossaiyn.

PARTEIRA — Ver uma parteira: dificuldades financeiras. Ser parteira no sonho, sem o ser na realidade: doenças na família. Grupos: 1, 6, 12, 22. Dezenas: 01, 07, 43, 54, 58, 75. Centenas: 111, 324, 430, 538, 772. Milhar: 1.280. Orixá correspondente: Oxún.

PARTES SEXUAIS — Ver as partes sexuais de um homem: se for homem, atraso de vida; se for mulher casada, gravidez ou parto próximo; se for mulher solteira, novos amores. Ver as partes sexuais de uma mulher: se for homem, desavenças conjugais; se for mulher, reviravolta na vida. Grupos: 4, 5, 9, 15, 19. Dezenas: 24, 38, 46, 73, 89, 91. Centenas: 128, 309, 483, 689, 764. Milhar: 1.848. Orixás correspondentes: Exú e Yemanjá.

PASTEL — Comer pastel: reconciliação na família. Fazer pastel: viagem inesperada. Ver alguém fazendo pastel: chegada de pessoa ausente. Grupos: 1, 5, 13, 20, 25, 67. Dezenas: 08, 20, 34, 56, 85. Centenas: 130, 206, 331, 418, 515. Milhar: 7.112. Orixá correspondente: Ogún.

PEDRA — Ver pedras amontoadas: questões com a polícia ou com a justiça, tanto mais graves quanto maior for a quantidade de pedras. Jogar pedras em alguém: decepção profunda com a pessoa amada. Receber pedradas: graves desgostos, provocados por calúnias. Grupos: 1, 14, 16, 22. Dezenas: 13, 38, 46, 50, 73, 81. Centenas: 144, 463, 741, 811. Milhar: 0.837. Orixá correspondente: Oxóssi.

PEIXE — Ver peixe: prejuízo nos negócios, tanto mais sério quanto maior for o número de peixes. Ver peixes saindo d'água: reviravolta na vida, em geral para pior. Comer peixe: Ver alimentos. Grupos: 9, 15. Dezenas: 13, 31, 41, 67, 71, 82. Centenas: 128, 301, 638, 865. Milhar: 8.377. Orixá correspondente: Logun-Edé.

PENA — Ver uma ou mais de uma pena voando no ar: sofrimentos morais, tanto mais pungentes quanto maior for o número de penas. Ver um homem ou quadrúpede coberto de penas: caso de loucura na família. Arrancar as penas de uma ave: viagem inesperada, motivada por questão muito desagradável. Grupos: 1, 2, 13, 19, 20. Dezenas: 02, 08, 41, 52, 68, 77. Centenas: 138, 383, 483, 828, 892. Milhar: 0.340. Orixá correspondente: Oxóssi.

PENTE — Achar um pente: desavença na família. Perder um pente: calúnia. Comprar pente: vitória sobre inimigos. Vender pente: mudança de domicílio, por motivo desagradável. Pentear-se: sorte no jogo, durante três dias. Grupos: 3, 14, 17, 21. Dezenas: 12, 40, 45, 87. Centenas: 104, 321, 447, 673, 891. Milhar: 1.844. Orixá correspondente: Oxumarê.

PERCEVEJO — Ser mordido por percevejo: perseguições. Ver percevejos: sofrimentos físicos e morais, tanto mais intensos quanto maior for o número de percevejos. Grupos: 1, 4, 9, 18. Dezenas: 06, 22, 31, 37, 83. Centenas: 043, 182, 483, 838, 881. Milhar: 1.128. Orixá correspondente: Omolú.

PERNA — Ver alguém com menos de duas pernas: derrota de inimigos. Ver pessoa com mais de duas pernas ou animal com mais de quatro pernas: viagem demorada e repleta de peripécias. Ter menos de duas pernas, no sonho, sem ter na realidade: maquinações de inimigos. Ter mais de duas pernas: intrigas perigosas no seio da família. Grupos: 1, 5, 8, 10, 11, 24. Dezenas: 16, 22, 76, 87, 94. Centenas: 342, 407, 593, 654. Milhar: 1.413. Orixá correspondente: Obaluayê.

PÉROLA — Comprar ou ganhar pérolas: desilusões com pessoas conhecidas. Vender ou dar pérolas: prejuízos nos negócios. Ver pérolas em poder de outros: intrigas de mulheres. Grupos: 9, 15, 18, 19. Dezenas: 03, 14, 26, 57, 87, 93. Centenas: 070, 221, 354, 765, 880. Milhar: 1.267. Orixá correspondente: Yemanjá.

PIANO — Ver e ouvir alguém tocando piano: casamento na família. Ver alguém tocando piano, mas não ouvir o som do instrumento: casamento adiado. Ouvir o som do piano sem ver o instrumento: paixão oculta correspondida. Estar tocando piano: afeto correspondido, se ouvir o som,, intrigas por ciúmes, se não ouvir o som. Grupos: 2, 4, 10, 19. Dezenas: 34, 51, 60, 79, 99. Centenas: 128, 339, 459, 736, 945. Milhar: 2.044. Orixá correspondente: Exú.

PIÃO — Completa reviravolta na vida. Grupos: 5, 17. Dezenas: 18, 66, 67, 68. Centenas: 066, 317, 418, 520, 966. Milhar: 0.117. Orixá correspondente: Ogún.

PIMENTA — É indício de doença, mas sem muita gravidade. Grupos: 2, 6, 8, 16, 18. Dezenas: 04, 43, 73, 83, 88. Centenas: 114, 414, 552, 584, 728, 828. Milhar: 3.848. Orixá correspondente: Exú.

PINCEL — Indica perspectivas favoráveis, tanto no lar como no trabalho. Os sonhos em que aparece pincel devem, contudo, ser interpretados com muito cuidado, levando-se em conta seus outros elementos. Grupos: 1, 13, 19, 20. Dezenas: 04, 50, 51, 52, 76, 80. Centenas: 003, 051, 452, 477, 580, 777, 876, 879, 980. Milhar: 7.552. Orixá correspondente: Omolú.

PIRÂMIDE — Ver de longe uma ou mais de uma pirâmide: prosperidade. Subir numa pirâmide: sorte no jogo. Descer de uma pirâmide: azar no jogo. Grupos: 6, 8, 11, 16. Dezenas: 13, 38, 54, 72, 78, 82. Centenas: 138, 483, 848, 891, 902. Milhar: 0.138. Orixá correspondente: Xangô.

PITEIRA — Sonhar que se está fumando com uma piteira: amor correspondido. Ver outra pessoa fumar com piteira: discórdia sentimental. Grupos: 1, 9, 19. Dezenas: 04, 34, 35, 75, 76. Centenas: 003, 035, 136, 174, 401, 502, 576, 974. Milhar: 9.401. Orixá correspondente: Ogún.

POÇO — Ver um poço: perigo iminente. Cair num poço: desastre. Estar preso dentro de um poço: acontecimento desagradável na família. Ver alguém preso dentro de um poço: doença grave na família. Tirar água de um poço: grandes dificuldades financeiras. Grupos: 9, 15, 16, 20. Dezenas: 05, 13, 22, 47, 62. Centenas: 035, 143, 258, 666, 670. Milhar: 4.571. Orixá correspondente: Oxún.

POLÍCIA — Significa sempre perseguições ou doenças. Grupos: 3, 5, 8, 11, 24. Dezenas: 11, 23, 50, 84, 92. Centenas: 116, 221, 312, 476, 617. Milhar: 3.186. Orixá correspondente: Exú.

PONTE — Atravessar uma ponte: dificuldade superada. Ver uma ponte arrastada pelas águas: transtorno nos negócios. Cair de uma ponte: desgostos conjugais profundos. Grupos: 3, 11, 12, 25. Dezenas: 26, 61, 77, 83, 87. Centenas: 004, 222, 568, 793. Milhar: 6.174. Orixá corespondente: Omólú.

PORCO — Ver um porco fuçando a terra: maquinações de falsos amigos. Ver um porco morto: melhoria de situação econômica. Ouvir o grunhido de um porco: desavenças na família. Grupo: 18 e respectivas dezenas e centenas. Milhar preferível: 9.669. Orixá correspondente: Omolú.

PORTA — Ver uma porta aberta: separação. Ver uma porta fechada: discórdia. Abrir uma porta: adultério. Fechar uma porta: traição. Grupos: 5, 13, 14, 16. Dezenas: 12, 32, 43, 60, 84. Centenas: 143, 225, 330, 453, 732. Milhar: 8.431. Orixás correspondentes: Ogún e Oxóssi.

PRAIA — Ver uma praia de longe: viagem inesperada. Estar-se numa praia: noivado próximo. Grupos: 5, 10, 11, 15. Dezenas: 02, 32, 43, 60, 84. Centenas: 143, 225, 330, 453, 732. Milhar: 8.431. Orixás correspondentes: Ogún e Yemanjá.

PRATO — Ver um ou mais de um prato: melhoria de posição financeira, de modo tanto mais acentuado quanto maior for o número de pratos. Se os pratos estiverem empilhados, o sonho é ainda mais favorável. Ver um ou mais de um prato quebrado: prejuízos, tanto mais consideráveis quanto maior for o número de pratos quebrados. Quebrarmos nós próprios um ou mais de um prato: ruína. Lavar pratos: mudança de domicílio. Grupos: 5, 13, 14, 18, 25. Dezenas: 07, 23, 54, 81, 96. Centenas: 111, 217, 333, 420, 756. Milhar: 6.001. Orixás correspondentes: Omolú e Yansã.

PREGO — Tem sempre significação desagradável: doença e dificuldades financeiras, principalmente para as mulheres. Grupos:1, 9, 19, 22. Dezenas: 01, 24, 47, 55, 84. Centenas: 163, 218, 367, 457, 890. Milhar: 8.413. Orixás correspondentes: Ogún e Exú.

PRESUNTO — Ver e principalmente comer presunto: para pessoas solteiras, casamento próximo e vantajoso; para as pessoas casadas, aumento da prole e melhoria da situação econômica. Grupo: 18 e respectivas dezenas e centenas. Milhar preferível: 9.571. Orixá correspondente: Xangô.

PROCISSÃO — Ver uma procissão: viagem próxima. Acompanhar uma procissão: sorte no jogo, principalmente se estivermos cantando ao acompanhar a procissão. Grupos: 1, 4, 8, 11, 23. Dezenas: 03, 04, 09, 32, 44, 91. Centenas: 123, 343, 444, 604, 790. Milhar: 7.123. Orixá correspondente: Omolú.

Q

QUADRO — Ver alguém pintando um quadro: aborrecimentos. Estar pintando um quadro: ideal não alcançado. Pendurar um quadro na parede: aumento da família. Comprar um quadro: promoção no emprego. Vender um quadro: dificuldades econômicas. Grupos: 1, 6, 12, 20. Dezenas: 20, 45, 64, 70, 83. Centenas: 121, 253, 767. Milhar: 4.963. Orixá correspondente: Xangô.

QUATI — Intrigas e maquinações de falsos amigos, que serão, contudo, desmascaradas com muita facilidade. Grupos: 23 e respectivas dezenas e centenas. Milhar preferível: 9.890. Orixás correspondentes: Xangô e Exú.

QUEDA — Levar uma queda: perseguição de inimigos. Ver uma pessoa conhecida levar uma queda: desavenças na família. Ver uma pessoa desconhecida levar uma queda: triunfo sobre inimigos. Grupos: 3, 10, 11, 21. Dezenas: 04, 32, 43, 57, 83. Centenas: 038, 328, 838. Milhar: 0.305. Orixás correspondentes: Ogún e Oxóssi.

QUEIJO — Ver um queijo: aumento da prole. Ver mais de um queijo: aumento da prole com probabilidade de gêmeos. Comer queijo: para o homem, humilhação; para a mulher casada, parto feliz; para a solteira, casamento próximo. Grupos: 6, 7, 25. Dezenas: 04, 23, 36, 47. Centenas: 016, 110, 146, 256, 341. Milhar: 4.728. Orixá correspondente: Oxalá.

QUIABO — Ver quiabo: ameaças. Comer quiabo: contrariedade. Ver alguém comendo quiabo: decepção. Grupos: 3, 4, 13. Dezenas: 11, 14, 15, 34, 53, 55. Centenas: 013, 334, 453, 613, 712, 936. Milhar: 1.314. Orixá correspondente: Xangô.

QUIOSQUE — Ver um quiosque: prejuízos. Estar dentro de um quiosque: grandes aborrecimentos, devido a questões financeiras. Grupos: 1, 4, 17, 18. Dezenas: 18, 24, 30, 41, 53. Centenas: 030, 128, 304, 582, 726. Milhar: 8.391. Orixá correspondente: Omolú.

R

RABANETE — Plantar rabanetes: desavenças na família. Colher rabanetes: noivado desmanchado ou desquite. Comer rabanete: sorte no jogo. Ver rabanetes fora da terra: lucro nos negócios. Grupos: 3, 10, 11, 25. Dezenas: 15, 26, 43, 78, 83. Centenas: 012, 168, 325, 417, 701. Milhar: 7.418. Orixá correspondente: Oxóssi.

RABECÃO — Ver um rabecão: perigo de desastre. Ver um morto ser recolhido a um rabecão: transtornos na família. Ver-se dentro de um rabecão: ameaça muito séria à saúde. Grupos: 4, 9, 23. Dezenas: 13, 16, 35, 88, 91. Centenas: 036, 488, 588, 791, 814. Milhar: 3.533. Orixá correspondente: Omolú.

RAIO — Ver um raio cortando o espaço: questões judiciais. Ver um raio caindo: viagem, motivada por fato desagradável. Ver um raio cair numa casa, principalmente em nossa própria casa: completo transtorno na vida e fracasso de todos os nossos projetos. Grupos: 3, 8, 12, 19, 23. Dezenas: 12, 31, 48, 66. Centenas: 140, 263, 317, 406, 792. Milhar: 6.184. Orixá correspondente: Xangô.

RAIZ — Arrancar raízes do chão: intrigas amorosas. Comer raízes: aumento da família. Grupos: 1, 9, 13, 18. Dezenas: 16, 32, 41, 70, 88. Centenas: 013, 193, 202, 327, 555. Milhar: 2.194. Orixá correspondente: Oxóssi.

RAMALHETE — Ganhar um ramalhete: se for mulher solteira, casamento próximo; se for mulher casada, infidelidade conjugal; se for homem, desavenças conjugais. Fazer um ramalhete: se for mulher, amor correspondido; se for homem, justamente o contrário. Grupos: 1, 4, 7, 19. Dezenas: 14, 38, 49, 58. Centenas: 138, 383, 821, 903. Milhar: 1.386. Orixá correspondente: Oxún.

RAPADURA — Comprar rapadura: dificuldades de vida. Vender rapadura: dificuldades muito sérias de vida. Comer rapadura: descalabro financeiro. Ver alguém comprar, vender ou comer rapadura: intrigas, envolvendo questão de dinheiro. Grupos: 3, 4, 5, 21. Dezenas: 12, 15, 18, 20, 83. Centenas: 016, 382, 517, 613, 681, 716. Milhar: 3.914. Orixás correspondentes: Oxún e Oxóssi.

RAPOSA — Ver uma ou mais de uma raposa: contrariedades, tanto mais sérias quanto maior for o número de raposas. Matar uma raposa: dificuldades financeiras. Grupo: 5 e respectivas dezenas e centenas. Milhar preferível: 1.117. Orixá correspondente: Omolú.

RATO — Ver um ou mais de um rato: maquinações de inimigos, tanto mais perigosas quanto maior for o número de ratos. Ver um rato ser caçado por um gato: Ver gato. Ser mordido por um ou mais de um rato: prejuízos. Grupos: 5, 9, 10, 17. Dezenas: 18, 23, 46, 70. Centenas: 121, 217, 324, 426. Milhar: 2.180. Orixás correspondentes: Omolú e Exú.

RATOEIRA — Perigo iminente. Grupos: 1, 9, 12, 24. Dezenas: 02, 13, 47, 63. Centenas: 225, 426, 761, 986. Milhar: 1.287. Orixá correspondente: Ogún.

REALEJO — Preocupações financeiras. Grupos: 3, 12, 16, 17, 23. Dezenas: 11, 46, 47, 63, 66, 90, 91. Centenas: 009, 090, 391, 465, 566, 666, 692, 909. Milhar: 8.346. Orixá correspondente: Oxóssi.

REDE — Ver uma ou mais de uma rede de pescar: viagem, tanto mais distante quanto maior for o número de redes. Ver uma ou mais de uma rede de dormir: infidelidade conjugal. Estar deitado numa rede: mau agouro. Grupos: 2, 8, 10, 18, 23. Dezenas: 05, 38, 46, 71, 84. Centenas: 127, 216, 322, 574, 624. Milhar: 4.372. Orixá correspondente: Omolú.

REI — Ver um rei: notícia inesperada e favorável. Conversar com um rei: sorte no jogo, durante três dias. Pegar um rei de baralho: regresso de pessoa ausente. Grupos:2, 16, 17, 24. Dezenas: 18, 33, 45, 85. Centenas: 190, 220, 725, 888. Milhar: 1.729. Orixá correspondente: Xangô.

RELÓGIO — Ver um relógio: dificuldades financeiras. Acertar um relógio: maquinações de inimigos. Quebrar um relógio: prejuízos. Achar um relógio: sorte no jogo. Grupos: 2, 8, 12, 14, 25. Dezenas: 07, 33, 71, 84, 98. Centenas: 125, 538, 838. Milhar: 8.286. Orixá correspondente: Xangô.

REMÉDIO — Tomar um remédio: restabelecimento de pessoa enferma. Comprar um remédio: acidente, tanto mais grave quanto maior é a quantidade de remédio que se compra. Grupos: 4, 5, 16, 22. Dezenas: 06, 36, 42, 67, 82. Centenas: 183, 204, 282, 828, 915. Milhar: 0.383. Orixá correspondente: Omolú.

RETRATO — Tirar o retrato de alguém: mau agouro para a pessoa fotografada. Fotografar animais: viagem inesperada. Tirar fotografia de coisas inanimadas: mudança de domicílio. Grupos: 3, 7, 14, 21. Dezenas: 23, 46, 58, 83, 94. Centenas: 015, 267, 528, 600. Milhar: 5.638. Orixá correspondente: Xangô.

RIO — Ver um rio calmo: felicidade doméstica. Ver um rio de águas revoltas: desavenças na família. Ver também: inundações e nadar. Grupos: 9, 11, 12, 15. Dezenas: 13, 42, 72, 78, 82, 85. Centenas: 038, 382, 728, 828. Milhar: 4.615. Orixá correspondente: Oxún.

ROCHEDO — Ver um rochedo perto do mar: dificuldades, tanto maiores quanto mais alto for o rochedo. Ver um rochedo em terra: desavenças na família. Estar galgando um rochedo: dificuldades superadas. Estar descendo por um rochedo: maquinações de inimigos. Grupos: 2, 6, 9, 17. Dezenas: 02, 14, 17, 31, 40, 68. Centenas: 328, 428, 682, 726, 793. Milhar: 1.386. Orixá correspondente: Omolú.

RODA — Ver uma ou mais de uma roda: sorte no jogo, tanto maior quanto maior for o número de rodas. Grupos: 3, 9, 10, 14. Dezenas: 11, 33, 41, 75, 99. Centenas: 038, 232, 439, 738, 805. Milhar: 1.289. Orixá correspondente: Xangô.

ROSÁRIO — Achar um rosário: desilução amorosa. Perder um rosário: desavenças na família. Estar rezando com um rosário na mão: dificuldades financeiras. Ver alguém rezando com um rosário na mão: viagem marítima. Grupos: 3, 4, 7, 19, 24. Dezenas: 12, 37, 48, 53, 58, 72. Centenas: 038, 128, 328, 828, 891. Milhar: 0.342. Orixá correspondente: Ogún.

RUA — Ver uma rua inteiramente deserta: moléstia grave. Ver uma rua cheia de gente, porém sem veículo: êxito nos empreendimentos. Ver uma rua com grande movimento de veículos: viagem inesperada. Grupos: 2, 11, 17, 22. Dezenas: 06, 32, 46, 70, 84. Centenas: 202, 323, 416, 550, 735. Milhar: 6.492. Orixá correspondente: Exú.

RUÍNAS — Avistar ruínas de longe: manifestações de inimigos, tanto mais perigosas quanto mais longe estiverem as ruínas. Visitar ruínas: triunfo sobre inimigos. Grupos: 2, 3, 6, 17. Dezenas: 13, 16, 48, 67, 86. Centenas: 120, 364, 485, 580, 906. Milhar: 0.023. Ver também pardieiro. Orixá correspondente: Xangô.

S

SABÃO — Usar sabão para lavar roupa: desavenças na família. Usar sabão para lavar qualquer parte do corpo: desentendimento com amigos ou sócios. Fazer espuma de sabão: impossibilidade de satisfazer nossa vontade. Grupos: 5, 6, 11, 15. Dezenas: 16, 28, 42, 71, 84. Centenas: 140, 260, 344, 526, 727. Milhar: 9.112. Orixá correspondente: Ogún.

SACERDOTE — Ver um sacerdote rezando: más notícias de pessoa ausente. Ver um sacerdote montado a cavalo: luto na família. Ver um sarcedote lendo o breviário: boa notícia de pessoa ausente. Grupos: 6, 7, 14, 17. Dezenas: 17, 24, 54, 65, 70. Centenas: 232, 846, 861, 911. Milhar: 8.331. Ver também beijo e púlpito. Orixá correspondente: Xangô.

SACO — Ver um ou mais de um saco vazio: dificuldades financeiras, tanto mais sérias quanto maior for o número de sacos. Ver um ou mais de um saco cheio de dinheiro: sorte no jogo, tanto maior quanto maior for o número de sacos. Ver um ou mais de um saco cheio de farinha: abundância, tanto maior quanto maior for o número de sacos. Encher um saco: herança próxima. Esvaziar um saco: prejuízos, se o conteúdo do saco for dinheiro ou gênero alimentício, e doença, se for outra coisa. Carregar um saco: dificuldades superadas. Grupos: 3, 6, 8, 21, 25. Dezenas: 14, 27, 45, 62, 89. Centenas: 018, 235, 306, 458, 777. Milhar: 3.128. Orixá correspondente: Xangô.

SAIA — Ver um homem vestido de saia: desavenças na família. Estar de saia (sendo homem): afronta de inimigos. Grupos: 1, 5, 6, 12, 24. Dezenas: 10, 18, 27, 33. Centenas: 128, 432, 750, 901. Milhar: 8.733. Orixá correspondente: Omolú.

SAL — Ver sal espalhado: notícia propícia. Comer sal: aumento da família. Grupos: 3, 10, 13, 20, 25. Dezenas: 10, 19, 28, 36, 45. Centenas: 128, 239, 425, 750, 900. Milhar: 6.799. Orixá correspondente: Exú.

SAMBURÁ — Mesma significação que caixa.

SANFONA — Significa sempre dinheiro e prosperidade. Grupos: 1, 3, 12, 17. Dezenas: 13, 42, 47, 58, 69. Centenas: 009, 145, 245, 349, 765, 889. Milhar: 1.299. Orixá correspondente: Xangô.
SANGUE — Perder o próprio sangue: atrapalhações na vida. Ver correr um rio de sangue: guerra ou revolução próxima. Ver alguém coberto de sangue: desavenças na família com conseqüências profundamente desagradáveis. Grupos: 7, 13, 21, 25. Dezenas: 04, 17, 43, 66, 77, 78, 97. Centenas: 003, 017, 346, 635, 738. Milhar: 1.902. Orixá correspondente: Ogún.
SAPATO — Calcar um sapato: afeto correspondido. Encontrar um sapato: satisfação de um desejo oculto. Perder um pé de sapato: dificuldades passageiras. Grupos: 6, 8, 12, 22. Dezenas: 01, 43, 48, 55, 62, 68. Centenas: 232, 315, 412, 666, 738. Milhar: 1.286. Orixá correspondente: Oxóssi.
SAPO — Ver um ou mais de um sapo fora d'água: mudança de domicílio. Ver um ou mais de um sapo dentro d'água: viagem, tanto mais prolongada e distante quanto maior for o número de sapos. Pegar um sapo: triunfo sobre inimigos. Grupos: 9, 15, 18, 23. Dezenas: 13, 42, 48, 51, 60, 72. Centenas: 013, 138, 322, 430, 721. Milhar: 0.304. Orixá correspondente: Omolú.
SARNA — Significa sempre sorte no jogo e em outros empreendimentos. Grupos: 2, 7, 13, 18, 25. Dezenas: 06, 30, 41, 54, 67. Centenas: 019, 140, 171, 862, 934. Milhar: 2.482. Orixá correspondente: Ogún.
SEDA — Sonho muito favorável, indicando sorte nos amores, afeto correspondido, etc., mas que só pode ser perfeitamente interpretado levando-se em conta seus outros elementos. Grupos: 4, 19. Dezenas: 13, 15, 16, 73, 75. Centenas: 014, 315, 376, 475, 513, 713, 773. Milhar: 8.916. Orixá correspondente: Xangô.
SEIOS — Ver os seios de uma mulher: se forem bem feitos, realização de um desejo; se forem murchos, desalento; se forem de mulher amamentando, aumento da família. Ver um homem com seios de mulher: cilada de inimigos. Ver uma mulher com um seio só: desavenças sérias entre parentes e amigos. Grupos: 6, 25. Dezenas: 35, 46, 71, 83, 90. Centenas: 184, 482, 593, 691. Milhar: 5.791. Orixás correspondentes: Oxún e Yemanjá.
SERMÃO — Ouvir um sermão: casamento ou noivado próximo. Fazer um sermão: viagem. Grupos: 7, 11, 14, 24. Dezenas: 15, 23, 40, 78, 84. Centenas: 110, 269, 317, 410, 784. Milhar: 2.415. Ver também púlpito. Orixá correspondente: Xangô.
SERPENTINA — Noivado ou casamento próximo. Grupos: 4, 8, 12, 19. Dezenas: 12, 16, 32, 41, 70. Centenas: 036, 243, 450, 573, 600. Milhar: 8.344. Orixá correspondente: Omolú.
SERRAGEM — Significa sempre dificuldades monetárias. Grupos: 1, 5,

10, 18. Dezenas: 02, 18, 37, 54, 85. Centenas: 111, 237, 418, 721, 990. Milhar: 0.053. Orixá correspondente: Ogún.

SINO — Tocar sino: casamento próximo. Ver alguém tocando sino: doença grave. Ouvir o som de sino sem vê-lo: mau agouro. Grupos: 4, 7, 16, 17, 21. Dezenas: 18, 38, 40, 43, 66, 83. Centenas: 008, 234, 267, 407, 825. Milhar: 5.342. Orixá correspondente: Oxalá.

SOL — Ver o sol resplandecer no espaço: melhoria de situação econômica. Ver mais de um sol no firmamento: reviravolta na vida. Ver o sol vermelho: acidente próximo. Ver também eclípse. Grupos: 2, 16, 19, 22, Dezenas: 06, 21, 40, 65, 89. Centenas: 215, 317, 404, 591, 767. Milhar: 0.372. Orixá correspondente: Exú.

SOMBRA — Ver a própria sombra: maquinações de inimigos. Ver a sombra de um defunto: doença grave. Grupos: 5, 8, 13, 17, 22. Dezenas: 08, 18, 20, 66, 71. Centenas: 065, 346, 470, 638, 728. Milhar: 3.848. Orixá correspondente: Omolú.

SONHAR — Sonhar que se está sonhando indica que o significado do sonho deve ser tomado no sentido intervo. Por exemplo: se sonharmos que estamos sonhando que vemos nossa própria sombra, isso significa: triunfo sobre inimigos. Os palpites, porém, devem ser interpretados da mesma maneira. Assim, se sonharmos que estamos sonhando e vemos o sol resplandecer no espaço, os palpites são: Grupos: 4, 7, 16, 17, 21. Dezenas: 34, 54, 68, 93. Centenas: 394, 612, 856, 871. Milhar: 7.432. Orixá correspondente: Xangô.

SUBTERRÂNEO — Estar perdido dentro de um subterrâneo: perigo de loucura. Entrar num subterrâneo: transtorno nos negócios. Sair de um subterrâneo: reviravolta na vida. Grupos: 9, 10, 14, 15. Dezenas: 40, 58, 71, 93, 97. Centenas: 018, 213, 484, 574, 670. Milhar: 4.934. Orixá correspondente: Omolú.

SUICÍDIO — Suicidar-se: azar no jogo durante três dias, pelo menos. Ver alguém se suicidando: deslealdade de amigos. Grupos: 2, 4, 9, 23. Dezenas: 12, 24, 38, 55, 71. Centenas: 112, 217, 341, 565, 707. Milhar: 1.635. Orixá correspondente: Exú.

SURDEZ — Estar surdo: notícia inesperada e muito desagradável. Grupos: 4, 6, 10, 14. Dezenas: 08, 10, 38, 56, 72, 77, 81. Centenas: 128, 383, 837, 938. Milhar: 1.386. Orixá correspondente: Exú.

SUSTO — Tomar um susto: triunfo sobre inimigos. Passar susto em alguém: viagem inesperada. Grupos: 4, 16, 21, 22. Dezenas: 05, 46, 63, 68, 72. Centenas: 132, 301, 827, 901, 993. Milhar: 0.043. Orixá correspondente: Omolú.

T

TAMANCO — Andar de tamanco: transtorno na vida. Ver uma pessoa respeitável andar de tamancos: viagem inesperada. Grupos: 3, 4, 12, 21, 23. Dezenas: 16, 32, 54, 83. Centenas: 122, 208, 311, 458. Milhar: 2.584. Orixá correspondente: Ogún.

TAMBOR — Tocar tambor: escândalo na família. Ver outra pessoa tocando tambor: notícia desagradável. Ouvir som de tambor, sem ver o instrumento: calúnias de falsos amigos. Grupos: 15, 17, 18, 23. Dezenas: 03, 06, 14, 45, 82, 92. Centenas: 038, 383, 838, 883, 903. Milhar: 3.728. Orixá correspondente: Ogún.

TAPETE — Significa sempre prosperidade e saúde. Grupos: 1, 2, 12, 16, 22. Dezenas: 06, 72, 78, 81, 93. Centenas: 128, 382, 383, 538, 821, 920, Milhar: 4.128. Orixá correspondente: Omolú.

TAQUARA — Significa êxito na vida, com necessidade, porém, de um certo esforço. Grupos: 1, 9, 10, 13, 22. Dezenas: 03, 35, 38, 40, 86, 87. Centenas: 004, 385, 434, 480, 501, 738, 904. Milhar: 5.687. Orixá correspondente: Oxóssi.

TARTARUGA — Ver uma ou mais de uma tartaruga: dificuldades nos negócios ou em outros empreendimentos, tanto mais sérias quanto maior for o número de tartarugas. Ver tartarugas nadando: viagem. Matar uma tartaruga: aborrecimentos por questões de dinheiro. Estar em cima de uma tartaruga: aborrecimentos por questões de família. Grupos: 9, 15, 24. Dezenas: 05, 15, 18, 50, 52. Centenas: 276, 385, 471, 692, 803. Milhar: 0.386. Orixá correspondente: Xangô.

TATU — Ver um tatu fora da toca: decepção amorosa. Ver um tatu entrando na toca ou dentro da toca: ligação infeliz. Matar um tatu: desgosto na família. Grupos: 5, 9, 12, 23. Dezenas: 02, 07, 43, 52, 78. Centenas: 032, 321, 420, 503, 541, 943. Milhar: 8.529. Orixá correspondente: Oxóssi.

TEATRO — Assistir a uma representação no teatro: afeto não correspondido. Tomar parte numa representação, no sonho, sem se ser artista na realidade: intrigas de inimigos. Grupos: 4, 12, 17, 19. Dezenas: 11, 17, 24, 33, 48. Centenas: 140, 225, 318, 456, 508. Milhar: 0.025. Orixás correspondentes: Omolú e Exú.

TELHADO — Ver uma casa sem telhado: mudança de domicílio. Andar por cima de um telhado: acidente. Cair de um telhado: mau agouro. Ver alguém andar num telhado ou cair do telhado: triunfo sobre inimigos. Grupos: 2, 13, 14, 17. Dezenas: 18, 23, 46, 73, 81. Centenas: 037, 831, 882, 901, 987. Milhar: 0.101. Orixá correspondente: Ogún.

TEMPESTADE — Ver uma tempestade, estando-se dentro de casa: máquinações de inimigos. Andar no meio de uma tempestade, com raios e ventanias: doença grave. Grupos: 2, 7, 13, 23. Dezenas: 07, 26, 52, 77, 82. Centenas: 120, 206, 483, 611. Milhar: 0.273. Orixá correspondente: Yansã.

TERRA — Mexer com terra: doença. Ver um desabamento de terra: mau agouro. Grupos: 3, 8, 22, 23. Dezenas: 08, 23, 48, 52, 75. Centenas: 128, 383, 827, 882, 891, 913. Milhar: 1.383. Orixás correspondentes: Xangô e Exú.

TERREMOTO — Indica sempre grandes dificuldades na realização de nossos projetos. Grupos: 5, 12, 18, 23. Dezenas: 02, 06, 14, 56, 67, 73, 83, 92. Centenas: 128, 483, 831, 931. Milhar: 8.287. Orixá correspondente: Yansã.

TESOURA — Achar uma tesoura: casamento próximo. Perder uma tesoura: casamento desfeito ou desquite. Ferir-se com uma tesoura: desgosto no seio da família. Cortar pano ou papel com uma tesoura: dificuldades superadas. Grupos: 5, 15, 16, 22. Dezenas: 06, 30, 42, 63, 71. Centenas: 128, 383, 838, 911. Milhar: 2.340. Orixá correspondente: Oyá.

TIGRE — Ver um ou mais de um tigre: perda de emprego. Ser atacado por um tigre: traição. Matar um tigre: vitória sobre inimigos. Grupo: 22 e respectivas dezenas e centenas. Milhar preferível: 2.287. Orixá correspondente: Omolú.

TIJOLO — Os sonhos em que aparecem tijolos são benéficos, indicando prosperidade, segurança, compreensão. Grupos: 3, 5, 8, 23. Dezenas: 10, 11, 18, 19, 30, 32, 91. Centenas: 030, 311, 490, 592, 610, 689. Milhar: 9.511. Orixá correspondente: Oxóssi.

TINHORÃO — Atraso na vida. Grupos: 9, 13, 17, 22. Dezenas: 35, 51, 66, 68, 86. Centenas: 088, 150, 334, 386, 766, 933. Milhar: 0.334. Orixá correspondente: Ossaiyn.

TINTA — Ver tinta preta num tinteiro: mau agouro. Ver tinta de cor: novos amores. Entornar tinta: dificuldades financeiras. Grupos: 2, 9, 12, 18, 20. Dezenas: 07, 14, 38, 76. Centenas: 200, 312, 430, 438, 702. Milhar: 0.384. Orixá correspondente: Omolú.

TIRO — Dar um ou mais de um tiro: dificuldades financeiras, tanto mais sérias quanto maior for o número de tiros dados. Ferir ou matar alguém com um tiro: infidelidade conjugal. Receber um tiro: traição de um amigo. Grupos: 5, 10, 17, 24. Dezenas: 01, 12, 25, 78, 93. Centenas: 160, 224, 316, 571, 772. Milhar: 4.360. Orixá correspondente: Ogún.

TOSSE — Estar tossindo: acidente próximo. Ver alguém tossindo: doença grave. Grupos: 4, 7, 13, 18. Dezenas: 10, 27, 64, 70, 86. Centenas: 102, 314, 456, 827, 916. Milhar: 0.813. Orixá correspondente: Oxóssi.

TOURO — Ver um ou mais de um touro solto: felicidade doméstica. Ver um ou mais de um touro amarrado: aborrecimento no seio da família. Ser perseguido por um touro: infidelidade conjugal. Grupo: 21 e respectivas dezenas e centenas. Milhar preferível: 8.083. Orixá correspondente: Xangô.

TRIGO — Ver trigo no pé: abundância. Ver trigo colhido: mudança de vida. Plantar trigo: aumento da família. Grupos: 4, 7, 11, 25. Dezenas: 26, 30, 49, 58, 99. Centenas: 129, 308, 400, 563, 654. Milhar: 1.009. Orixá correspondente: Xangô.

TUMOR — Indica sempre ameaça à saúde ou à situação financeira. Grupos: 4, 5, 16, 18. Dezenas: 00, 01, 16, 43, 83. 88. Centenas: 138, 383, 482, 572, 727, 828. Milhar: 1.286. Orixá correspondente: Obaluayê.

U

UMBIGO — Ver o próprio umbigo: aumento da família. Ver o umbigo de outra pessoa: notícia inesperada. Grupos: 3, 6, 15, 18. Dezenas: 12, 17, 30, 55, 89. Centenas: 128, 286, 486, 483, 588. Milhar: 0.483. Orixá correspondente: Ibeji (crianças).

UNHA — Ver as próprias unhas grandes como garras: prejuízos. Ver unhas sujas: notícia desagradável. Cortar unha: viagem súbita. Grupos: 14, 16, 22. Dezenas: 05, 24, 36, 45, 74. Centenas: 132, 246, 351, 594, 704. Milhar: 4.763. Orixá correspondente: Exú.

URINA — Urinar na cama: dificuldades financeiras. Urinar na vista de outra pessoa: intrigas. Ver alguém urinando: notícia desagradável. Sentir cheiro de urina: perda de emprego. Grupos: 5, 10, 11, 25. Dezenas: 03, 18, 27, 42. Centenas: 166, 248, 643, 782. Milhar: 0.384. Orixá correspondente: Omolú.

URSO — Significa sempre intrigas e maquinações de falsos amigos. Grupos: 23 e respectivas dezenas e centenas. Milhar preferível: 7.092. Orixá correspondente: Xangô.

URUBU — Ver um ou mais de um urubu voando: doença grave. Vermos um urubu pousado sobre nossa própria casa: mau agouro. Grupos: 4, 13, 23. Dezenas: 06, 07, 42, 47, 60, 73, 81. Centenas: 004, 043, 238, 838. Milhar: 7.764. Orixá correspondente: Obaluayê.

V

VACA — Ver uma ou mais de uma vaca: felicidade doméstica, tanto mais intensa quanto maior for o número de vacas. Tirar leite de uma vaca: Ver leite. Grupo: 25 e respectivas dezenas e centenas. Milhar preferível: 0.399. Orixás correspondentes: Xangô e Oxun.

VACINA — Vacinar alguém: mudança de domicílio. Ser vacinado: perda de emprego. Ver alguém sendo vacinado: doença sem gravidade. Grupos: 4, 6, 7, 25. Dezenas: 13, 31, 44, 56, 83. Centenas: 190, 214, 366, 518, 720. Milhar: 6.422. Orixá correspondente: Omolu.

VARANDA — Ver uma varanda pelo lado de fora: notícia inesperada e satisfatória. Estar numa varanda: ideal realizado. Grupos: 5, 13, 14, 19, 20. Dezenas: 19, 49, 53, 55, 73, 76, 80. Centenas: 020, 455, 555, 674, 776, 819, 919. Milhar: 7.919. Orixá correspondente: Exu.

VARÍOLA — Estar atacado de varíola: viagem inesperada. Ver alguém atacado de varíola: doença sem gravidade. Grupos: 5, 9, 16, 25. Dezenas: 20, 21, 80, 93. Centenas: 218, 482, 503, 600. Milhar: 0.386. Orixá correspondente: Logun-Odé.

VASSOURA — Mudança de estado civil. Grupos: 1, 6, 11, 22. Dezenas: 03, 42, 48, 62, 77. Centenas: 038, 483, 543, 773, 785. Milhar: 1.286. Orixás correspondentes: Exú e Nanã.

VEADO — Ver um ou mais de um veado correndo pelo campo: sorte no jogo. Estar montado num veado: notícia inesperada e feliz. Grupo: 24 e respectivas dezenas e centenas: Milhar preferível: 5.395. Orixá correspondente: Oxóssi.

VELA — Acender uma vela: doença na família. Apagar uma vela: mau agouro. Grupos: 2, 4, 19, 21. Dezenas: 04, 32, 45, 56, 67, 68, 71. Centenas: 137, 324, 375, 765, 782, 828. Milhar: 9.834. Orixá correspondente: Omolú.

VENENO — Tomar veneno: desilusão amorosa. Dar veneno a alguém: dificuldades financeiras. Ver alguém tomando veneno: doença na família. Grupos: 9, 15, 16, 22. Dezenas: 03, 47, 74, 76, 81. Centenas: 218, 282, 827, 881, 903. Milhar: 7.537. Orixá correspondente: Nanã.

VÉU — Ver alguém coberto com um véu branco: casamento próximo. Ver alguém coberto com um véu preto: luto na família. Estar coberto com um véu: mau agouro. Grupos: 2, 4, 19, 20. Dezenas: 05, 42, 65, 66, 81. Centenas: 052, 243, 543, 843, 865, 881. Milhar: 1.093. Orixás correspondentes: Ogun e Yemanjá.

VERME — É sempre um sonho de mau agouro. Grupos: 1, 4, 9, 23. Dezenas: 05, 65, 73, 88. Centenas: 127, 432, 701, 777. 876, 881. Milhar: 0.307. Orixá correspondente: Omolú.

VIOLÃO — Tocar violão: separação. Ver alguém tocando violão: amor correspondido. Ouvir o som do violão, sem ver o instrumento: paixão oculta correspondida. Ver um violão abandonado: desgosto amoroso. Grupos: 1, 2, 4, 7, 19. Dezenas: 09, 39, 45, 63, 72, 89. Centenas: 089, 139,431, 545, 788, 909. Milhar: 1.929. Orixá correspondente: Oxún.

VOAR — Estar voando: sorte no jogo, durante cerca de três dias. Ver outra pessoa voando: acontecimento agradável, relacionado com tal pessoa. Grupos: 2, 4. Dezenas: 03, 13, 16, 40, 52, 69. Centenas: 129, 435, 728, 803. Milhar: 1.903. Orixá correspondente: Oxún.

VULCÃO — Assistir-se à erupção de um vulcão: viagem acidentada. Ver um vulcão extinto: desilusão amorosa. Grupos: 1, 11, 16, 23. Dezenas: 02, 31, 43, 55, 72, 78. Centenas: 113, 141, 432, 543, 776, 784. Milhar: 1.386. Orixá correspondente: Omolú.

X

XADREZ — Estar jogando xadrez: viagem inesperada. Grupos: 2, 10, 16, 24. Dezenas: 11, 31, 75, 84. Centenas: 038, 432, 556, 762. Milhar: 1.003. Ver cadeia. Orixá correspondente: Exú.

XÍCARA — Comprar uma xícara: saúde por muito tempo. Quebrar uma xícara: doença. Grupos: 10, 13, 14, 17. Dezenas: 38, 49, 52, 55, 66, 68. Centenas: 055, 338, 454, 866. Milhar: 3.438. Orixá correspondente: Ogún.

Z

ZEBRA — Ver uma ou mais de uma zebra: triunfo sobre inimigos, tanto mais completo quanto maior for o número de zebras. Montar numa zebra: viagem próxima. Grupos: 3, 11, 12. Dezenas: 13, 42, 50, 69. Centenas: 043, 055, 654, 728. Milhar: 1.389. Orixá correspondente: Oxóssi.

ZERO — É sonho de mau presságio: ver, de qualquer modo, e, principalmente, escrever um zero, significa ruína. Grupos: 2, 8, 9. Dezenas: 06, 07, 30, 32, 36. Centenas: 006, 007, 030, 330, 436, 907. Milhar: 3.407. Orixá correspondente: Ogún.

Este livro foi impresso na Gráfica Palas Athena, em São Paulo,
para a Pallas Editora, em novembro de 2006.
O papel de miolo é Offset 75g/m², e o de capa, Cartão 250g/m².